近畿圏版④　最新入試に対応！　家庭学習に最適の問題集 !!

城星学園小学校
帝塚山学院小学校

2025 年度版 過去問題集

2023～2024 年度 実施試験 計 2 年分収録

問題集の効果的な使い方

①学習を始める前に、まずは保護者の方が「入試問題」の傾向や、どの程度難しいか把握をします。すべての「アドバイス」にも目を通してください。
②各分野の学習を先に行い、基礎学力を養いましょう！
③力が付いてきたと思ったら「過去問題」にチャレンジ ！
④お子さまの得意・苦手がわかったら、その分野の学習を進め、全体的なレベルアップを図りましょう ！

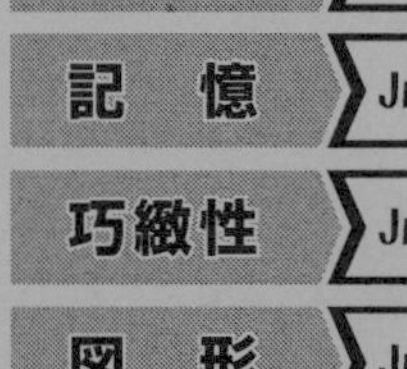

厳選!

合格必携 問題集セット

城星学園小学校

記　憶	お話の記憶 中級編・上級編
記　憶	Jr. ウォッチャー ⑳「見る記憶・聴く記憶」
巧緻性	Jr. ウォッチャー ㉕「生活巧緻性」
図　形	Jr. ウォッチャー ㉟「重ね図形」
数　量	Jr. ウォッチャー ㊵「数を分ける」

帝塚山学院小学校

記　憶	お話の記憶 中級編・上級編
図　形	Jr. ウォッチャー ④「同図形探し」
言　語	Jr. ウォッチャー ⑰「言葉の音遊び」
数　量	Jr. ウォッチャー ㊵「数を分ける」
図　形	Jr. ウォッチャー ㊺「図形分割」

●資料提供●

くま教育センター

日本学習図書 ニチガク

ISBN978-4-7761-5588-1
C6037　￥2400E
9784776155881

定価 2,640円
(本体2,400円＋税10%)
1926037024002

こんなこと…ありませんか？

「ニチガクの問題集…買ったはいいけど、、、
この問題の教え方がわからない（汗）」

メールでお悩み解決します！

- ホームページ内の専用フォームで必要事項を入力！
- 教え方に困っているニチガクの問題を教えてください！
- 確認終了後、具体的な指導方法をメールでご返信！
- 全国どこでも！ スマホでも！ ぜひご活用ください！

<質問回答例>

アドバイス

推理分野の学習では、後の学習に活きる思考力を養うことができます。ご家庭で指導する場合にも、テクニックにたよらず、保護者の方が先に基本的な考え方を理解した上で、お子さまによく考えさせることを大切にして指導してください。

Q.「お子さまによく考えさせることを大切にして指導してください」と学習のポイントにありますが、考える習慣をつけさせるためには、具体的にどのようにしたらいいですか？

A. お子さまが考える時間を持てるように、質問の仕方と、タイミングに工夫をしてみてください。
たとえば、「答えはあっているけど、どうやってその答えを見つけたの」「答えは○○なんだけど、どうしてだと思う？」という感じです。
はじめのうちは、「必ず 30 秒考えてから手を動かす」などのルールを決める方法もおすすめです。

まずは、ホームページへアクセスしてください!!

https://www.nichigaku.jp　日本学習図書　検索

目指せ！合格！

家庭学習ガイド
城星学園小学校

ペーパー　運　動　工作・巧緻性　親子面接

入試情報

応募者数：男女 246 名
出題形態：ペーパー、ノンペーパー
面　　接：保護者・志願者
出題領域：ペーパー（記憶・数量・図形・常識・言語 など）、
制作、巧緻性、運動

入試対策

2024 年度の入試は、午前にペーパーテスト、午後に行動観察・巧緻性・運動という例年通りの形で行われました。ペーパーテストは、記憶、数量、図形、常識、言語という、昨年とほぼ同じ分野からの出題です。基礎的な問題が多いため、取りこぼしがないように対策をする必要があります。また、お話の記憶は、例年、聖書に関する内容が出題されています。聖書には慣れていないお子さまが多いかと思いますが、しっかりと聞いていれば解ける問題ですので、読み聞かせを重ね、対応できるようにしましょう。いずれにしても出題分野は広いので、幅広い分野を学習することを心がけてください。午後の運動も基本的には個人で行うものでした。これは今回のみの実施かもしれません。試験全般を通してみると、学力だけではなく、コミュニケーション能力が必要な試験であることに変わりはありません。当校の面接は、志願者の答えに対し、「それはどういうことですか」「他には何かありますか」など、追いかけの質問があることが特徴です。普段から、お子さまに追いかけの質問をして慣れておくようにし、お子さま自身に考えを言語化させる力をつけるようにしましょう。

●「常識」分野では理科的知識のほか、マナーや季節、数え方に関する問題が出題されます。

●巧緻性では片付けをするという課題があります。おうちの人の手伝いをしているのか、といったような日常生活でのふるまいを観ているようです。

●面接までは、絵本が用意してある机で待機します。ていねいに扱い、順番が来たら、必ず机の上は綺麗にしてから移動するようにしてください。

●面接が終わると、先生からお子さまに受験票が渡されます。その際の対応の様子も観られていますので、必ずお礼と挨拶を言えるようにしましょう。

「城星学園小学校」について

〈合格のためのアドバイス〉

多分野から出題されることが特徴のペーパーテストについては、幅広い学習が不可欠です。苦手分野をつくらないように、間違った問題については、間違いや不注意の原因をその度に把握するようにしてください。本校の入試は、指示の聞き取りが重要です。すでに理解している問題でも、出題形式の違いや言葉の言い回しで、難しく感じる場合があります。さまざまな分野の問題を通して、指示を理解しているかどうかを見きわめましょう。

巧緻性では、片付けの指示が出されています。作品の出来だけではなく、指示を聞く時の態度や道具の扱い方などにも注意しましょう。片付ける習慣はあたりまえのことです。しっかりと身につけておいてください。また、普段から楽しみながら物作りをすることで、本番では緊張せず取り組むことができるでしょう。

運動の課題では、基本的な身体の動作です。これは運動のできの良し悪しを観ているのではなく、取り組む姿勢やどのように振る舞うか観られています。他者を尊重する姿勢や、指示の遵守なども観点になります。細かな決まりごとを聞き逃すことのないよう、最後まで集中して指示を聞くようにしてください。

面接試験は、例年同様、志願者と保護者（どちらか1名でもよい）を対象に試験日前に行われました。保護者には、学校のこと、子どものこと、宗教について質問がありました。また、試験日前に行われた説明会についての質問もあったようですので、必ず参加するようにしてください。

本校は、面接を大切にしています。面接中の親子のやりとりなどでふだんのお子さまと保護者の方の素顔を観ているようです。ご家庭での話し合いを多く持ち、何を聞かれても明るく元気に、礼儀正しく対応できるようにしておきましょう。

〈2024年度選考〉

◆面接（考査日前に実施）
◆ペーパーテスト：お話の記憶、見る記憶、数量、推理、常識、言語
◆運動：サーキット運動
◆制作：折り紙
◆巧緻性：折る

◇過去の応募状況

2024年度	男女246名
2023年度	男女236名
2022年度	男女230名

入試のチェックポイント

◇受験番号は…「願書提出順」
◇生まれ月の考慮…「なし」

〈本書掲載分以外の過去問題〉

◆記憶：動物が持っていたボールの種類を覚え、線で結ぶ。[2021年度]
◆数量：見本と同じ数のお花を束ねる時、余りがないお花はどれか。[2020年度]
◆図形：見本の形を作る時、使わない形はどれか。[2021年度]
◆言語：描いてある絵をしりとりでつなげる。[2021年度]
◆推理：両端を引っ張ると結び目ができる紐はどれか。[2021年度]
◆巧緻性：3色のおはじきをそれぞれの色のコップに入れる。[2021年度]

目指せ！合格！

家庭学習ガイド
帝塚山学院小学校

ペーパー　個別テスト　工作・巧緻性　行動観察　口頭試問　保護者面接

入試情報

応 募 者 数：男女 130 名
出 題 形 態：ペーパー、個別テスト
面　　　接：保護者
出 題 領 域：ペーパー（お話の記憶、聴く記憶、図形、数量、言語、常識など）
個別テスト（口頭試問・指示行動）、行動観察、制作、食事テスト

入試対策

入学試験はペーパーテスト→行動観察→個別テスト（口頭試問・指示行動）→制作・生活巧緻性→食事テスト（給食）という流れで行われました。当校入試は、「お話の記憶」「図形」「数量」「言語」「常識」などの幅広い分野から出題されています。「図形」「数量」の分野では、さまざまな内容が年度ごとに入れ替わって出題されているので、直近の問題だけではなく２年分以上の問題を解くようにしてください。ほかの分野で言えば「言語」「常識」なども頻出ですが、いずれも日常生活で得る知識を問うものです。暮らしで得る知識も大切にしてください。また、解答用紙は冊子になっています。問題によっては、用紙が複数枚に渡っているものもあり、その場合は自分でめくって解かなければなりません。解き忘れてしまうことのないよう、練習の時から意識するようにしましょう。そして、ここ２年間、制作や巧緻性の問題が出題されています。今後、頻出の分野となる可能性があるため、普段のお絵描きや工作の機会を利用して、対策を立てるとよいでしょう。「行動観察」は、当校入試ならではの「食事（集団で摂る給食）」も行われます。練習では、お箸の持ち方やお椀の扱い方など、一つひとつの細かな動作に加え、その一連の流れができるかどうかも確認してください。保護者面接は、基本的な内容が質問されるようです。しかし、質問の数は少なく、一つの質問に追いかけで質問される可能性があります。家庭内でしっかりと話し合い、方針を固めておくと対応できるでしょう。

●「お話の記憶」は毎年出題されています。本の読み聞かせは、親子間のコミュニケーションが取れることはもちろん、「記憶力」「想像力」「集中力」「語彙力」「理解力」を養うことができ、すべての学習の下地づくりになります。

●ここ数年を見ると「図形」に関しては、「欠所補完」「合成」「回転」「同図形」「重ね図形」を中心に出題されています。「数量」では「聞き取り」「足りない数」「数の差」「一番多い数」「選んで数える」が出題されています。

●行動観察は、控室で自由遊びをしている時に呼ばれて、教室に移動します。控室には、折り紙や絵本などがあり、「静かにすること」「動き回らないこと」と指示が出ます。必ず指示を聞き、試験外だと気を緩めないようにしましょう。

「帝塚山学院小学校」について

＜合格のためのアドバイス＞

当校は「力の教育」を建学の精神として設立され、「意志の力、情の力、知の力、躯幹の力」を身に付けた、力のある全人教育を行っています。「コミュニケーション力のある子ども」「深く思考する子ども」「自ら動ける子ども」「創造できる子ども」の育成を目指す「探究型」教育を早くから取り入れるなど、常に新しいことに挑戦する校風で人気があります。系列である住吉校舎の帝塚山学院中学校・高等学校には、関西学院大学へ内部進学可能なコースが設置されています。

2024年度の入学試験は、ペーパーテスト、個別テスト、行動観察、食事テスト、保護者面接、保護者アンケートなどが長時間にわたって実施されました。感染症対策は行われていたものの、概ね例年通りでした。試験全体を通して、志願者、家庭の両方を評価するものになっています。

ペーパーテストでは、「お話の記憶」、「聴く記憶」、「図形」では回転、「数量」は選んで数える問題が出題されました。その他「言語」の言葉の音（おん）、「常識」など幅広い分野から出題されています。お子さまの得意、不得意分野を見きわめ、学習計画を立て、しっかりと基礎から学習を重ねることが大切です。また、机の上での学習のみならず、普段の遊び、お手伝いや会話などをうまく使って、楽しみながら学ぶことも成果につながります。

行動観察では自由遊び、指示行動での課題があります。指示行動では口頭試問も同時に実施されたようです。試験に取り組むお子さまの姿を通して、基本的なしつけ、生活習慣、社会性、道徳観が観られるため、日常生活や親子関係から、しっかりとそれらを身に付けさせておくことが大切です。

例年出題されている「食事のテスト」ではここ数年は感染予防対策のためおもちゃで代用していましたが、2024年度は実食が再開しました。保護者の方は、試験対策として特別なことをするのではなく、ふだんの食事を利用して、マナーの指導をしておきましょう。常識分野の問題の1つとして、お子さまの日常生活における規範を高めるという意識で指導すれば問題ありません。

〈2024年度選考〉

＜面接日＞

◆アンケート（保護者面接時に提出）
◆保護者面接

＜考査日＞

◆ペーパーテスト（お話の記憶・聴く記憶・常識・数量・言語・図形）
◆個別テスト（口答試問・指示行動）
◆行動観察：ボール運び、自由遊び
◆食事テスト

◇過去の応募状況

2024年度	男女 130名
2023年度	男女 168名
2022年度	男女 153名

入試のチェックポイント

◇受験番号は…「ランダムに決める」
◇生まれ月の考慮…「なし」

城星学園小学校
帝塚山学院小学校
過去問題集

〈はじめに〉

現在、少子化が叫ばれているにもかかわらず、私立・国立小学校の入学試験には一定の応募者があります。入試は、ただやみくもに学習するだけでは成果を得ることはできません。志望校の過去における出題傾向を研究・把握した上で、練習を進めていくこと、試験までに志願者の不得意分野を克服していくことが必須条件です。そこで、本問題集は小学校を受験される方々に、志望校の出題傾向をより詳しく知って頂くために、出題頻度の高い問題を結集いたしました。最新のデータを含む精選された過去問題集で実力をお付けください。

また、志望校の選択には弊社発行の**「2025年度版　近畿圏・愛知県　国立・私立小学校　進学のてびき」**をぜひ参考になさってください。

〈本書ご使用方法〉

◆出題者は出題前に一度問題を通読し、出題内容などを把握した上で、〈準　備〉の欄に表記してあるものを用意してから始めてください。
◆お子さまに絵の頁を渡し、出題者が問題文を読む形式で出題してください。問題を読んだ後で、絵の頁を渡す問題もありますのでご注意ください。
◆**「分野」**は、問題の分野を表しています。弊社の問題集の分野に対応していますので、復習の際の目安にお役立てください。
◆一部の描画や工作、常識等の問題については、解答が省略されているものがあります。お子さまの答えが成り立つか、出題者が各自でご判断ください。
◆**〈時　間〉**につきましては、目安とお考えください。
◆本文右端の**［〇年度］**は、問題の出題年度です。**［2024年度］**は、「2023年の秋に行われた2024年度入学志望者向けの考査で出題された問題」という意味です。
◆**学習のポイント**は、指導の際にご参考にしてください。
◆**【おすすめ問題集】**は各問題の基礎力養成や実力アップにご使用ください。

〈本書ご使用にあたっての注意点〉

◆文中に**この問題の絵は縦に使用してください。**と記載してある問題の絵は縦にしてお使いください。
◆〈準　備〉の欄で、クレヨン・クーピーペンと表記してある場合は12色程度のものを、画用紙と表記してある場合は白い画用紙をご用意ください。
◆文中に**この問題の絵はありません。**と記載してある問題には絵の頁がありませんので、ご注意ください。なお、問題の絵の右上にある番号が連番でなくても、中央下の頁番号が連番の場合は落丁ではありません。
下記一覧表の●が付いている問題は絵がありません。

問題1	問題2	問題3	問題4	問題5	問題6	問題7	問題8	問題9	問題10
問題11	問題12	問題13	問題14	問題15	問題16	問題17	問題18	問題19	問題20
問題21	問題22	問題23	問題24	問題25	問題26	問題27	問題28	問題29	問題30
●							●	●	●
問題31	問題32	問題33	問題34	問題35	問題36	問題37	問題38	問題39	問題40
●	●					●			●
問題41	問題42	問題43	問題44						
			●						

㊢ 先輩ママたちの声！

◆実際に受験をされた方からのアドバイスです。
ぜひ参考にしてください。

城星学園小学校

・ペーパーテストの中で鉛筆の持ち方をチェックされたようです。正しい姿勢や持ち方を心がけておいた方がよいと思います。

・試験は、ペーパーテストの点数だけでなく、試験に臨む態度をとてもよく観られている印象を受けました。

・面接は和やかな雰囲気で行われました。早く終わる組もあれば長くかかった組もありましたが、面接時間の長さと合否はあまり関係がないように感じました。

・面接１枠の時間帯（約15分）に２組の家庭が呼ばれました。面接までの待ち時間は、家族で１つの会議机に座り、机には絵本が３冊ずつ用意してありました。待合室はそこまで緊張感はありませんでした。

・面接では、持ち物を置くように指示がありました。待っている間に、荷物をまとめておいた方がスムーズかと思います。

帝塚山学院小学校

・説明会では、入学試験についての詳しい説明がありました。ぜひ参加されることをおすすめします。

・今年の試験では、おもちゃの食べ物を使用して、食事テストがおこなわれました。マナーだけでなく、その場で出される指示に注意する必要があります。

・ペーパーの解答用紙は、冊子になっていました。１つの問題で複数枚ある場合もあるため、解き忘れることがないように気を付けてください。

・行動観察前に待機している控室には、絵本や折り紙などが置いてあります。ていねいに扱うようにしましょう。

〈城星学園小学校〉

※問題を始める前に、本書冒頭の「本書ご使用方法」「本書ご使用にあたっての注意点」をご覧ください。
※本校の考査は鉛筆を使用します。間違えた場合は×で訂正し、正しい答えを書くよう指導してください。

**保護者の方は、別紙の「家庭学習ガイド」「合格ためのアドバイス」を先にお読みください。
当校の対策および学習を進めていく上で役立つ内容です。ぜひご覧ください。**

2024年度の最新問題

問題１　分野：お話の記憶

〈準 備〉　鉛筆

〈問 題〉　お話をよく聞いて、後の質問に答えてください。

イエスはエルサレム神殿の長老たちを前にして次のたとえ話を語った。
ある人にふたりの息子がいた。父は兄のところに行って、「きょう、ぶどう畑に行って働きなさい」と指示した。すると、兄は「わかりました。参ります」と答えたが行かなかった。また、弟のほうにも「ぶどう畑に行って働きなさい」と同じように指示した。弟は「いやです」と答えたが、あとで考えなおして、ぶどう畑に出かけた。
イエスは長老たちに「ふたりのうち、どちらが父親の望みどおりにしたのか」と尋ねた。彼らは「弟のほうです」と答えた。

（問題１の絵を渡す）
①ふたりの息子が働くようにいわれた畑では何の果物を作っていますか。
②父に言われた通り、畑に行ったのは誰でしょうか。

〈時 間〉　各15秒

〈解 答〉　①右から２番目（ぶどう）　②右から２番目（弟）

アドバイス

2024年度もやはり聖書から出題されました。本問は例年のものと比較し、文量も多くなく、内容も比較的わかりやすいものです。とはいえ、一般的な絵本や昔話と異なり、お子さまにとって「とっつきにくい」内容である点はいなめません。前述したように、当校では毎年聖書から引用した問題が出題されていますので、試験対策の一環として、子ども用の聖書を日々読み聞かせるのがよいでしょう。子ども用の聖書は各出版社からさまざま刊行されていますが、どの出版社のものでもかまいません。保護者の方にとっても、普段、あまり読むことのない聖書に触れるよい機会にもなります。当校の保護者面接では、聖ヨハネ・ボスコについての質問がなされることもあります。聖ヨハネ・ボスコがどういう人物であるかということはここでは割愛いたしますが、このような質問が保護者面接でされるのが当校なのです。教育理念を理解するという意味からも聖書の読み聞かせをお勧めいたします。

【おすすめ問題集】

1話5分の読み聞かせお話集①②、　お話の記憶　初級編・中級編、
Ｊｒ・ウォッチャー19「お話の記憶」

問題2　分野：見る記憶

〈準　備〉　鉛筆

〈問　題〉　（問題2－1の絵を渡す）
描かれている動物を覚えてください。
（30秒後、問題2－1の絵を伏せて、問題2－2の絵を渡す）
問題に描かれていた動物の絵に○をつけてください。

〈時　間〉　15秒

〈解　答〉　下図参照

アドバイス

見る記憶に関する問題です。小学校受験では定番で、本校でも毎年のように出題される分野ですが、本問を難しくしているのは解答の際に絵柄が変わる点です。イヌは最初の絵では比較的リアルなタッチで描かれていますが、解答を選択する絵では擬人化されたかわいらしいものに変わっています。他の動物もそれぞれ雰囲気の異なる絵に変更されています。本問を解くには記憶力はもとより、たとえ絵柄が変わってもそれぞれの動物の特徴をきちんと理解し選択できるような知識が求められます。そのためにはご家族で動物園などに足を運んで観察する、またその際に絵を描いてみるなどして、動物や物と触れる機会を設けることが大切でしょう。

【おすすめ問題集】

Ｊｒ・ウォッチャー20「見る記憶・聴く記憶」、27「理科」、55「理科②」

問題3　分野：推理（回転）

〈準 備〉　鉛筆

〈問 題〉　左の絵を右に２回転させると、絵の中の印はどこになりますか。右の絵の中に印を描いてください。

〈時 間〉　各20秒

〈解 答〉　下図参照

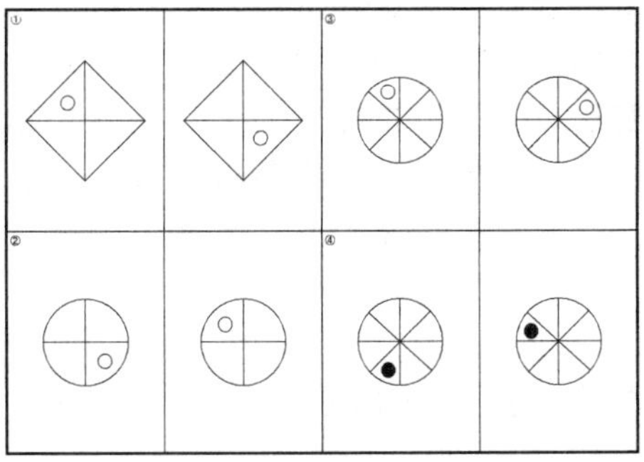

アドバイス

小学校受験では、「図形を頭の中で、回転させたり、ひっくり返しする」といったことを「図形を操作する」といいます。図形の回転や合成、鏡図形といった問題には必要なプロセスの１つですが、ほとんどのお子さまにとって、いきなりはできることではありません。まずは問題のイラストと同じ絵を切り抜き、実際に回転させてみましょう。そうすることで図形を操作することだけでなく、図形に関する様々な知識が自然と頭に入ってきます。本問は、図形問題としては基礎的な内容です。回転に関する問題は、さらに発展させたものが小学校受験では出題されますので、このレベルの問題を足がかりに、さらに高レベルの問題にもチャレンジしていきましょう。

【おすすめ問題集】

Ｊｒ・ウォッチャー46「回転図形」

問題4　分野：数量

〈準備〉　鉛筆

〈問題〉　みかんをそれぞれの動物たちで同じ数で分けると、みかんはいくつずつもらえるでしょうか。左のマスにその数だけ○を描きましょう。余ったら、その数だけ右のマスに×を描きましょう。

〈時間〉　30秒

〈解答〉　下図参照

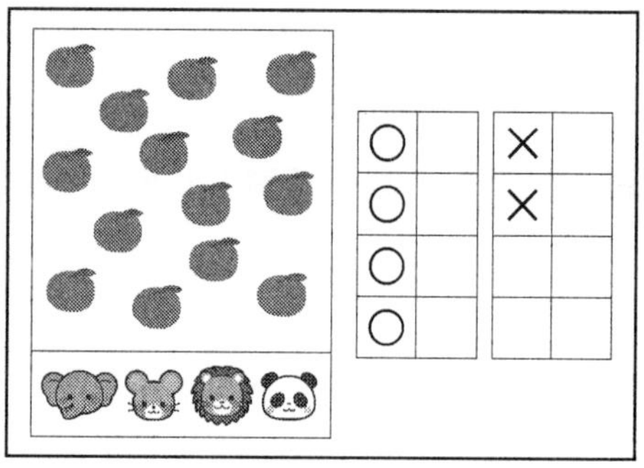

アドバイス

「数を分ける」、分配の問題です。小学校では数字を使って考えますが、小学校入試では数字が使えないのでイラストを使って考えます。本問ではミカンを４匹の動物で同じ数ずつ分けるのが問いの一つになっています。難しいのが次の問で、小学校受験では本来出てこないはずの「余り」という言葉を使っています。その是非はともかくとして、「余り」の意味がわからないと答えられません。もしお子さまがここでつまずいたならおはじきなどの具体物を使って説明してください。もしミカンがあるようでしたら問題の通りにミカンを使ってみてもよいでしょう。本問の場合、２個が余りになります。４匹で２個を分けることはできませんので、それが「余り」であると教えてあげるとよいでしょう。

【おすすめ問題集】

Ｊｒ・ウォッチャー38「たし算・ひき算１」、39「たし算・ひき算２」、40「数を分ける」、43「数のやりとり」

家庭学習のコツ①　「先輩ママたちの声」を読みましょう！

本書冒頭の「先輩ママたちの声」には、実際に試験を経験された方の貴重なお話が掲載されています。対策学習への取り組み方だけでなく、試験場の雰囲気や会場での過ごし方、お子さまの健康管理、家庭学習の方法など、さまざまなことがらについてのアドバイスもあります。先輩ママの体験談、アドバイスに学び、ステップアップを図りましょう！

問題5　分野：言語

〈準　備〉　鉛筆

〈問　題〉　左の見本と同じ言い方をするものを右の絵の中から選んで○をつけましょう。

〈時　間〉　各15秒

〈解　答〉　①右から２番目（橋）　②右端（拭く）

アドバイス

当校で出題される言語の問題といえば、しりとりに関するものが定番で、本問のように同音異義語が出題された例は近年、ほとんどありません。小学校受験を控えた年齢層のお子さまにとっては、特に②は難問といえるのではないでしょうか。学習の方法としては、しりとりと同様、読み聞かせやご家族との会話を通して、地道に語彙を増やしていくことになります。また、②のような問題ではそれぞれの人物が道具を使ってある動作をしていますので、お子さまと一緒に、何を使って何をしているところかを話しながら覚えていくとよいでしょう。

【おすすめ問題集】

Ｊｒ・ウォッチャー17「言葉の音遊び」、18「色々な言葉」、60「言葉の音」

問題6　分野：常識（日常生活）

〈準　備〉　鉛筆

〈問　題〉　左の見本と関係がないものに○をつけましょう。

〈時　間〉　各15秒

〈解　答〉　①右端（スプーン）　②左から２番目（魚）

アドバイス

本問は、日常生活で使う道具に対して年齢相応の知識があるかどうかを問う問題になります。例えば①は、手紙を書いて相手に送るには封筒に入れて切手を貼る必要があります。現在、メールの普及により手紙やハガキを送る機会はめっきり減りました。それでも年賀状や時候の挨拶、アンケートの返信などを投函する機会はあると思います。その際には、ぜひお子さまと切手を貼って、投函するまで一緒に行ってみてください。切手にも料金に応じてさまざまな種類があります。その意味も教えてあげるとよいでしょう。②はもっと身近ともいえる料理に関する内容です。お子さまの大好きなハンバーグはどのようにしてできるのか、材料は何なのか、普段の料理の際に教えられる機会はいくらでも作れます。ぜひ楽しく学ぶ機会を設けてください。

【おすすめ問題集】

Ｊｒ・ウォッチャー12「日常生活」、25「生活巧緻性」、30「生活習慣」

問題7　分野：運筆

〈準備〉　鉛筆

〈問題〉　左のお手本と同じになるように描きなさい。

〈時間〉　1分

〈解答〉　省略

アドバイス

方眼紙に描かれた図形を模写する巧緻性の課題です。本問では鉛筆を使用しますが、入試では黒以外にも赤や青の色鉛筆を使用する問題も出題されています。それ以外にもクレヨンやサインペン、マジックペンなど、小学校受験で使われる筆記用具にはさまざまなものがありますから、経験がないようであれば一度試しておいてください。さて、ここでは方眼紙のマス目を頼って線を引く作業が課題となっています。特に難しいものではありませんが、簡単な作業であるからこそ、ある程度はていねいな仕上がりが求められています。線は、ペン先と終点を交互に見て、線を微調整しながら引いていくとうまく引けます。筆記用具の扱いに慣れ、ある程度経験があれば意識しなくてもできることですが、方眼紙に線を引いた経験がなければなかなか難しいかもしれません。保護者の方がどんな形であれアドバイスをして、お子さまをうまく導いてください。

【おすすめ問題集】

Ｊｒ・ウォッチャー１「点・線図形」、51「運筆①」、52「運筆②」

問題8　分野：行動観察

〈準備〉　紙風船、ストロー、新聞紙（またはレジャーシート）

〈問題〉　この問題は絵を参考にして下さい。

紙風船を使って遊びます。

①紙風船を口でふくらませます。出来ない場合は、ストローでふくらませてもかまいません。

②どちらの手でも結構ですので、ふくらませた紙風船を片手で上にぽんぽんとつきましょう。

③「やめ」の合図でやめましょう。

④お友だちと４人一組になって、新聞紙の上に乗せ、下に落ちないように弾ませましょう。誰の紙風船を使うかは、４人で相談して決めてください。

〈時間〉　10分程度

〈解答〉　省略

アドバイス

グループが対象の行動観察では、協調性が観点になります。課題自体はそれほど複雑なものではありませんから、周りに無関心で突拍子もない行動を取らなければ問題ないでしょう。とはいえ、扱う題材が紙風船と新聞紙です。いずれも軽く繊細なもので、新聞は丁寧に扱わないとすぐに破れてしまうでしょう。試験ではこうした不測の事態にどう対処できるかで評価が大きく分かれます。試験対策として、こうした際の行動を事前に学習するというのはなかなかできることではありませんが、自宅や園での生活の中で、お子さまが何か失敗してしまったときに頭ごなしに叱るのではなく、どうすれば解決できるのかを保護者の方が寄り添って考えてあげることで、少しずつ身についていくことではないでしょうか。本問も、試験を通してご家庭の日常を観られているものと考えておくとよいでしょう。

【おすすめ問題集】

Ｊｒ・ウォッチャー23「切る・貼る・塗る」、29「行動観察」、30「生活習慣」

問題9　分野：制作

〈準備〉　折り紙

〈問題〉　この問題は絵を参考にして下さい。

折り紙で遊びましょう。

①お手本を見て、パックンチョ（パクパク）を折って遊びます。

②折り紙を２つ自由に折って遊びましょう。周りのお友だちに折り方を教えてもらってもいいです。

③２つ作ったら、おもちゃ箱に入れましょう。

〈時間〉　10分

〈解答〉　省略

アドバイス

園生活では定番の「折り紙」ですから、どのお子さまも数種類程度は折り方を知っているでしょう。本問のパックンチョ（パクパク）も、占いの道具としても使えることから知っているお子さまも多いと思います。折り紙は、手先の巧緻性はもとより、想像力を養い、図形の展開などを学ぶための最適の教材です。色柄もたくさんあり、なんといっても100円ショップで安価なものがいくらでも手に入る手軽さが魅力です。折り方も定番のもののほか、恐竜や最新の飾り付けなど、どんどん進化しています。ぜひご家庭で楽しみながら学習しましょう。

【おすすめ問題集】

Ｊｒ・ウォッチャー23「切る・貼る・塗る」、29「行動観察」、
56「マナーとルール」

問題10　分野：行動観察（サーキット運動）

〈準 備〉　なし

〈問 題〉　**この問題は絵を参考にして下さい。**
①スタートにある四角い枠の中で三角座り（体育座り）で順番を待ちます。
②スタートしたら低い台を両足跳びで越えます。
③クマ歩きをします。
④全力で走ります。
⑤リングに合わせてケンパをします。
⑥走ってゴールに向かいます。
⑦ゴールのあとは、三角座り（体育座り）で整列し、最後の子が終わるまで静かに待ってください。

〈時 間〉　適宜

〈解 答〉　省略

アドバイス

例年行われる運動テストです。順番は多少前後するもののケンパ、クマ歩き、ジャンプが多く取り入れられます。その合間に全力で走ることも求められます。「運動」とはいえ、評価の根幹は「行動観察」です。先生のお手本をしっかり確認し、指示通りできるかが観られます。また同時に順番を待つ姿勢、終わったあとの態度も評価されます。当然のことながら、おしゃべりをしたり、フラフラしてはいけません。こういったことで減点されないよう、お子さまには始めから終わりまで課題に真剣に取り組むよう指導してください。

【おすすめ問題集】
新 運動テスト問題集
Ｊｒ・ウォッチャー28「運動」、29「行動観察」、56「マナーとルール」

家庭学習のコツ②　「家庭学習ガイド」はママの味方！

問題演習を始める前に、試験の概要をまとめた「家庭学習ガイド（本書カラーページに掲載）」を読みましょう。「家庭学習ガイド」には、応募者数や試験課目の詳細のほか、学習を進める上で重要な情報が掲載されています。それらの情報で入試の傾向をつかみ、学習の方針を立ててから、対策学習を始めてください。

2023年度の過去問題

問題11　分野：記憶（お話の記憶）

〈準備〉　鉛筆

〈問題〉　お話をよく聞いて、後の質問に答えてください。

ある日、王様は、健康で頭のよい少年を４人集めました。そして、王様は、あとで自分の家来にするために、毎日、少年たちにお肉とお酒を与えました。しかし、少年たちは、お肉とお酒を断り、受け入れることはありませんでした。少年たちは、真の神様を信じており、お肉とお酒を入れると、身体が汚れると思ったのです。しばらくして、少年たちの仕事ぶりが、王様に認められるようになった頃、王様は、悪夢にうなされるようになりました。頭のよい博士たちがやってきて、その夢を解き明かそうとしましたが、誰も分からず、王様は大変怒りました。すると、１人の少年が、真の神様に向かって、夢を解き明かすことができるようにお祈りしました。そして彼は、こう言いました。「王様が見たのは、大きな人形の夢です。その人形は、頭は貝、足は石、手は草、お腹と胸は丸太でできています。王様は、その人形が壊れる夢を見てしまったので、うなされるようになりました。しかし、材料を集めて、この町で人形を作ったら、その夢を見なくなるでしょう。」これを聞いた王様は大変驚き、早速、人形を作りました。そして、町の人たちを集め、「音を鳴らす時は、この人形に挨拶をしなさい。そうでないと、燃えている倉庫に閉じ込めるぞ。」と言いました。しかし、少年たちは、人形に礼をしようとはしませんでした。少年たちが信じているのは、真の神様だけなのです。それを聞いた王様は大変怒り、少年たちを燃えている倉庫に閉じ込めました。しかし、不思議なことが起こりました。少年たちとその神の子は、倉庫の中を自由に歩いていたのです。王様はとても驚き、少年たちが信じている真の神様を、やっと認めたのでした。

（問題11の絵を渡す）
①集められた少年は何人いましたか。上の段にその数だけ○を書いてください。
②大きな人形の手は、何で作られていましたか。下の段から選んで○をつけてください。

〈時間〉　各15秒

〈解答〉　①○：４　②右から２番目（草）

家庭学習のコツ③　効果的な学習方法～問題集を通読する

過去問題集を始めるにあたり、いきなり問題に取り組んではいませんか？　それでは本書を有効活用しているとは言えません。まず、保護者の方が、すべてを一通り読み、当校の傾向、ポイント、問題のアドバイスを頭に入れてください。そうすることにより、保護者の方の指導力がアップします。また、日常生活のさまざまなことから、保護者の方自身が「作問」することができるようになっていきます。

アドバイス

お話の記憶は、体験したことがある内容に近ければ近いほど、記憶に残りやすくなると言われています。しかし、当校のお話の記憶では、聖書に関する内容が出題されるため、難しく感じるお子さまもいるのではないでしょうか。このような問題には、学習とは別に、普段から絵本や昔話などに触れる機会を多くつくり、体験できない内容にも慣れておくことをおすすめいたします。読み聞かせをした後は、そのまま終わりにするのではなく、どのようなお話だったか、お話を聞いてどう思ったか、お子さまにいくつか質問をしたり、感想を伝え合ったりするとよいでしょう。そうすることで、内容をより深く理解することができます。また、保護者の方は、お子さまが解いている様子を観察してください。答えを書く時の線の運び方や解くまでにかかった時間は、しっかりと記憶できているかの結果に表れます。保護者の方が確認しておくことで、お子さまの記憶の特徴を把握することにもつながるでしょう。

【おすすめ問題集】
　1話5分の読み聞かせお話集①②、　お話の記憶　初級編・中級編、
　Ｊｒ・ウォッチャー19「お話の記憶」

問題12　分野：見る記憶

〈準備〉　鉛筆

〈問題〉　（問題12-１の絵を見て）
観覧車に動物たちが乗っています。今からこの絵を覚えてください。
（30秒後、問題12-１の絵を伏せて、問題12-２の絵を使う）
ウサギがいたところはどこですか。選んで○をつけてください。

〈時間〉　15秒

〈解答〉　下図参照

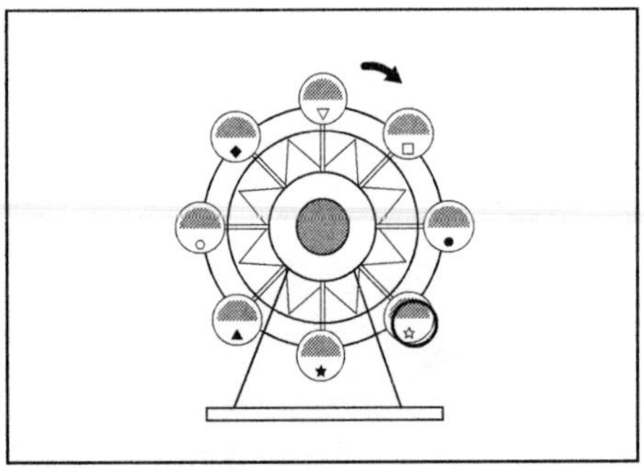

アドバイス

本問は、記憶と推理（観覧車）が複合された、難易度の高い問題です。また、記号と動物をセットで覚える必要があるだけでなく、どの動物の隣にどの動物がいるか、順番も記憶することが求められます。見る記憶では、情報を見落とさないよう、注意深く絵を観察し、目に入った情報をきちんと説明する力が必要となります。これらの力を養うために、練習の際は、初めからすべて記憶しようとするのではなく、動物だけ、記号だけ、などと覚えやすいものから少しずつ記憶するようにしましょう。そして、初めのうちは、十分に時間をとり、「見たものを記憶する」という作業に慣れることが大切です。慣れてきたら、覚える情報を増やしたり、時間を設定したりして、段階を上げていきましょう。お子さまのペースに合わせて、端から注意深く、細部まで観察して記憶する力を養っていくとよいでしょう。

【おすすめ問題集】

Ｊｒ・ウォッチャー20「見る記憶・聴く記憶」、50「観覧車」

問題13　分野：数量（違いの数）

〈準備〉　鉛筆

〈問題〉　上の四角を見てください。犬と骨の数の違いを○で書いてください。

〈時間〉　20秒

〈解答〉　○：2

アドバイス

本問は、数の差を求める問題です。本問では、犬と骨を１つずつペアにしていき、残りの数を数える解き方があります。この方法であれば、ミスをする可能性が少なく、早く解くことができるでしょう。他にも、１種類ずつ数えていって差を求める方法もあります。これには、数を正しく数えられることが必要です。同じものを重複して数えたり、数え忘れのものがあったりすると、数え間違いが発生する可能性があります。これは、数える方向がランダムな時によく見られるミスです。その時、縦でも横（右または左）でも、どちらでも好きな方でかまいませんので、方向を一定にすることでこのミスを改善することができます。数える方向を一定にすることは、数量の問題の基礎となるだけでなく、他の分野の問題を解く際にも有効です。ぜひ身につけておいてください。

【おすすめ問題集】

Ｊｒ・ウォッチャー37「選んで数える」、38「たし算・ひき算１」

問題14 分野：推理（回転）

〈準備〉 鉛筆

〈問題〉 階段の上にある図形が○の位置まで回転した時、どのような形になりますか。選んで○をつけてください。

〈時間〉 各20秒

〈解答〉 ①右端　②真ん中　③右端

アドバイス

回転図形の問題では、四角形が回転したときどうなるかを問う問題をよく目にしますが、この問題では三角形が階段を移動する内容になっています。慣れないお子さまの場合、この条件がお子さまの思考を混乱させたのではないでしょうか。間違えてしまった場合、保護者の方はお子さまがどこでつまずいたのかをしっかりと把握してください。もし、回転する形が三角形ということで混乱した場合、三角形と四角形の積み木を利用して、回転した時の違いを見せてあげるとよいでしょう。また、階段を移動することで間違えてしまった場合は、階段の端と端を引っ張ると平らになることを教えれば、あとは転がるだけと考えることができます。あまり目にしない問題も落ち着いて取り組めば大丈夫です。また、慌てないためにも、さまざまな出題形式の問題に触れておきましょう。

【おすすめ問題集】

Ｊｒ・ウォッチャー46「回転図形」

問題15 分野：推理（系列）

〈準備〉 鉛筆

〈問題〉 上の図は、あるお約束通りに並んでいます。四角に入るものを選んで○をつけてください。

〈時間〉 30秒

〈解答〉 左上（１円・100円）

アドバイス

系列の問題は果物や記号を用いた出題が主ですが、当校ではお金を使った系列の問題が出題されました。かつ、四角の中には複数のものが入ります。系列の問題では、一つのマスに一つの解答が入ることが主流となっています。ですから、この問題のように、複数の回答を求める問題の場合は、並んでいるお約束をしっかりと把握していることが求められます。問題を解いていると、正誤が気になりますが、大切なことは解答を求めるプロセスがしっかりとしているかどうかということになります。復習をする際、保護者の方が解き方を教えるのではなく、お子さまに実際に並べさせ、並んでいるお約束を発見することから始めてみてはいかがでしょう。並べることで、どの場所で約束を発見できるのかが分かると思います。それが分かれば、正答率も上がってくるでしょう。

【おすすめ問題集】
Ｊｒ・ウォッチャー６「系列」

問題16 分野：常識（季節、数詞）

〈準備〉 鉛筆

〈問題〉 ①上の段を見てください。夏の季節に関係するものに○をつけてください。
②真ん中の段を見てください。冬の季節に関係するものに○をつけてください。
③下の段を見てください。左の四角の絵と同じ数え方をするものに○をつけてください。

〈時間〉 各15秒

〈解答〉 ①右端（アサガオ） ②左端（凧揚げ） ③右端（牛）

アドバイス

この問題は、学習による知識というよりも、日常生活を通して培った力の有無、多少による影響がでる内容といえるでしょう。このような問題の場合、何が出たかと考えるよりも、なぜこの問題が出題されたのかと、出題者側の立場になって考える方が対策としてはおすすめです。コロナ禍の生活を余儀なくされたお子さまは、生活体験が不足していると言われています。学力の源は、興味関心であり、興味関心は日常生活を通して育まれます。そのことから当校を志望する方は、日常生活、興味関心を大切にしてほしいというメッセージとして受け取ることができます。助数詞に関しては、さまざまな数え方があります。家にある身の回りの物を教材に、どのような数え方をするか考えてみましょう。また、今まで違う数え方をしていたものも、この機会にきちんと数えられるようにしましょう。変わった数え方をする身近なものとして、「ウサギ」「たんす」があります。ウサギは「匹」ではなく「羽」、「たんす」は「竿」と数えます。なぜそのように数えるのかも考えると、興味や関心も高まり、知ることの楽しみにつながると思います。

【おすすめ問題集】
Ｊｒ・ウォッチャー34「季節」

問題17　分野：言語（同音集め）

〈準　備〉　鉛筆

〈問　題〉　それぞれの段の絵には、共通する音があります。絵の下の四角で、その音が当てはまる位置に○をつけてください。

〈時　間〉　各30秒

〈解　答〉　下図参照

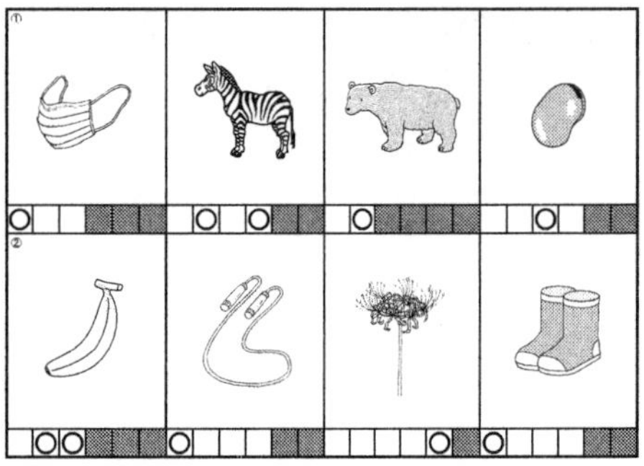

アドバイス

まず、どの言葉が共通しているのかを見つけなければなりません。このような問題を解く際、声に出して考える人がいますが、それは修正してください。最初は声に出しても構いませんが、入試では声に出して考えることができません。声に出して考えていると、試験官から注意を受けてしまいます。入試の最中に注意を受けると、試験の最中に修正は不可能と考えた方がよいでしょう。それぐらいの影響があるということです。問題を解く時、描かれてある絵の名前を頭の中で読みますが、まずは短い物を２つ取り上げ、共通している音を見つけ、その後、その音がそれぞれ、どこにあるのかを考えていくとよいでしょう。例を挙げますと、「マスク」と「クマ」で考えます。共通しているのは「マ」ですから、あとは、それぞれ描かれてある絵を見て、「マ」がどの位置にあるのかを確認して、その位置と同じ位置のマスに○を書いていくとよいでしょう。

【おすすめ問題集】

Ｊｒ・ウォッチャー17「言葉の音遊び」、60「言葉の音（おん）」

問題18　分野：制作

〈準 備〉　花紙５枚、モール

〈問 題〉　**この問題は絵を参考にして下さい。**
今から花紙でお花を３つ作ります。
①５枚の花紙を重ねてください。
②2.5cmの幅で折っていきます。折り目の方向は交互に変えてください。形が崩れないように、折り目をしっかりとつけてください。
③モールを半分に折り、花紙の中心を挟んで、ねじってください。固定されるように、きつくねじるようにしてください。
④重なった紙を１枚ずつ剥がし、花びらを開いてください。薄くて破れやすいので、ていねいに行ってください。

〈時 間〉　10分

〈解 答〉　省略

アドバイス

制作テストというと、手先の器用さがすぐに思い浮かびます。確かにそれも必要ですが、その前に、説明を記憶、理解できているかが大切なポイントになります。その理由ですが、制作テストでは、次にやることが分かってないと不安になり、一つひとつの作業スピードが落ちます。また、そのような状態で作ると、綺麗な作品はできません。このように、精神面が作品に出やすいことも制作テストの特徴といえるでしょう。制作テストに臨むに当たり、心の安定はとても重要です。その最初の関門がこれから作業をする説明をしっかりと聞き、記憶し、理解することになります。今回の問題は、かなり細かく指示が出されていますので、その点の強化を図るように心がけましょう。実際の作業に関するポイントは、ていねいに作業をしなければ、花紙が破けてしまいます。また、花の形に整える時も綺麗に広がりません。このようなていねいな作業を行うには、集中力の持続が求められます。制作テストを違った角度から見ると、学校の出題意図が見えてくると思います。

【おすすめ問題集】
Ｊｒ・ウォッチャー25「生活巧緻性」

問題19　分野：巧緻性

〈準 備〉　折り紙６枚、つぼのり、トレイ、のり台紙、ウェットティッシュ、袋

〈問 題〉　花びらに模様をつけます。
①折り紙をちぎって、花びらにのりで貼ってください。のりはトレイに出して使ってください。手が汚れたら、ウェットティッシュで手を拭いてください。
②終わったら、ゴミを袋に入れて、袋の口を結んでください。

〈時 間〉　５分

〈解 答〉　省略

アドバイス

ちぎりの作業をさせると、お子さまの性格が垣間見えるときがあります。ちぎりは、破くとは違います。破いた方が早いからと、破くお子さまもいますが、ちぎりはちぎりです。ていねいに作業を行うように心がけましょう。他にはのりの使い方がポイントになるでしょう。テストでは、水のりではなく、つぼのりを使用しました。まず、お子さまはつぼのりの扱いに慣れているでしょうか。のりが足りなかったり、多すぎて貼ったときにはみ出してしまったりしていませんでしたか。適量がどれぐらいなのか、その点の判断も大切になってきます。また、指を拭くためにウェットシートが用意されていましたが、扱い方、使用枚数はいかがだったでしょうか。最後にゴミはどうしましたか。家庭で取り組んだ際、ゴミをまとめる指示を忘れずにできたでしょうか。作品に集中するあまり、最後の片付けを忘れてしまうことはよく見られることですが、減点の対象となることは忘れないようにしましょう。

【おすすめ問題集】

Ｊｒ・ウォッチャー23「切る・塗る・貼る」、実践ゆびさきトレーニング①②③

問題20　分野：運動

〈準備〉　なし

〈問題〉　**この問題は絵を参考にして下さい。**
バービージャンプをします。先生と同じリズムで行いましょう。（先生が一度お手本を見せる）
①立った状態から、スクワットを行うようにしゃがんでください。しゃがんだら、両手を床につけてください。
②そのまま両足を一気に後ろに伸ばし、腕立て伏せの姿勢になります。
③次は足を戻して、立ち上がります。
④これを繰り返します。

〈時間〉　適宜

〈解答〉　省略

アドバイス

動作自体は難しいものではありません。この競技の優劣や出来不出来は、もっぱら体力の有無で分かれます。実際、かなり体力を使うため、疲れてくると動作がダラダラした様子になってしまいます。しかしダラダラした状態はよくありません。また、体力がないと、周りお友達とのペースについていけなくなります。この試験では、上手くできるかどうかを観ているというよりも、体力がなくなってきたときに、どうするのか。頑張ってやるのか、諦めるのか。ダラダラするのか、きちんとやろうとするのか。このようなことが観点としてチェックしている試験になります。動作のポイントですが、足を伸ばすとき、両足を一緒に後ろに伸ばせたか。伸ばしたとき、背中が丸まってないか。足を戻すとき、素早く、両足を一緒に戻すことができたか。立ち上がるとき、ダラダラと立ち上がらなかったか。などが挙げられます。自宅で練習をし、体力をつけましょう。運動をたくさんすることで、ストレスも発散でき、集中力もアップします。簡単な動作でもかまいませんので、毎日体を動かすようにしてください。

【おすすめ問題集】

Ｊｒ・ウォッチャー28「運動」、新 運動テスト問題集

問題21　分野：保護者・志願者面接

〈準 備〉　なし

〈問 題〉　この問題の絵はありません。

【保護者へ】
・本校を志望した理由は何ですか。
・お子さまの長所と短所を教えてください。
・躾や教育方針などで、一番大切にしていることは何ですか。
・ドン・ボスコの言葉で、知っている言葉を教えてください。
・ドン・ボスコの言葉で、心に残っている言葉を教えてください。
・今、通われている園に通わせてよかったと思われるところを教えてください。
・通われている塾の名前を教えてください。また、通ってお子さまが成長したことは何ですか。
・お父さま（お母さま）とお子さまが似ているところは何ですか。
・ご家庭で受験のためにどのように勉強されてきましたか。
・災害が起こった時、家庭内で決めごとはありますか。
・泣いて小学校から帰ってきたら、どうしますか。
・幸せだと思うこと、思う時はどのような状況ですか。
・（父親が来ていない方へ）お父さまは、学校に対してどのようにおっしゃっていますか。
・（兄弟姉妹が本校に通っている方へ）本校に通われていて、困ったことはありますか。

【志願者へ】
・お名前は何ですか。
・通っている幼稚園の名前は何ですか。
・幼稚園の担任の先生の名前は何ですか。どんな先生ですか。
・園長先生の名前を教えてください。
・幼稚園の先生とはどんな遊びをしていますか。

・外と中はどちらで遊ぶのが好きですか。何をして遊ぶのが好きですか。
・好きな食べ物は何ですか。それは誰が作ってくれますか。同じお皿には、何が並んでいますか。
・朝ごはん（昼ごはん）は何を食べてきましたか。
・野菜や果物など、知っているものをたくさん言ってください。
・今までもらったプレゼントの中で、一番うれしかったものは何ですか。それはどうしてですか。
・きょうだいはいますか。どんなことでケンカして、どう仲直りしますか。
・お手伝いは、何をしていますか。その時、お母さんは喜んでくれますか。
・お母さんに叱られる（褒められる）のはどんな時ですか。
・お父さんとお母さんの素敵なところを教えてください。
・絵本は読みますか。それはどんな本ですか。読んでもらいますか、それとも自分で読みますか。
・朝は何時に起きますか。夜は何時に寝ますか。
・（ひらがなで書いてある短文を見て）これを読んでください。どうやってひらがなを覚えましたか。
・どこの幼児教室に行っていますか。

〈時 間〉　約10分

〈解 答〉　省略

アドバイス

当校の面接テストは、質問が多岐にわたること、回答した内容にさらに質問をされるなどの特徴がありますが、シンプルに考えると、先生との会話がスムーズにできるか否かという点に絞られます。その分、保護者の方への質問は、ドン・ボスコのことなども質問されることから、学校への理解が一つのポイントになるでしょう。近年、コロナ禍の生活を機に、保護者の質が変わったといわれており、当校も保護者の問題で頭を悩ませることが増えたとおっしゃる学校の一つです。ですから、数少ない保護者の方を知る機会である面接テストの重要性は、例年にも増して高まっているといえるでしょう。そのような意味では、面接テストでの保護者の方の失敗は避けなければなりません。大きな失敗は不合格につながることを忘れずにいてください。では、この大失敗とは何か。質問に対するストレートな回答が得られないこと。また、学校が発信している情報に対して理解できていない言動があること。一般常識を逸脱しないこと。普通に考えていたら問題はありません。ただ、この観点は学校側が求める基準によって判断されることは忘れないでください。

【おすすめ問題集】
新 小学校面接Q＆A、面接テスト問題集、保護者のための入試面接最強マニュアル

〈帝塚山学院小学校〉

※問題を始める前に、本書冒頭の「本書ご使用方法」「本書ご使用にあたっての注意点」をご覧ください。
※本校の考査は鉛筆を使用します。間違えた場合は消しゴムで消し、正しい答えを書くよう指導してください。

**保護者の方は、別紙の「家庭学習ガイド」「合格ためのアドバイス」を先にお読みください。
当校の対策および学習を進めていく上で役立つ内容です。ぜひご覧ください。**

2024年度の最新問題

問題22　分野：数量

〈準　備〉　鉛筆

〈問　題〉　上の四角を見てください。一番多いものはどれですか。選んで○をつけてください。

〈時　間〉　各30秒

〈解　答〉　①右から２番目（サクランボ）　②右端（セミ）　③右から２番目（おたま）

アドバイス

数の比較になりますが、「正確に」「早く数える」ことが求められます。このような数える問題は、すべてを数えるのではなく、初見の段階で、一番多いものや一番少ないものをある程度、把握できるようにしておきましょう。そのためには、「早く」数える練習を取り入れること。また「正確に」数えるためには、多くの物を数えて力を身につけることが求められます。この数える行為、比較する行為も日常生活にはたくさんあふれてますから、生活の中で数える行為を多く取り入れましょう。数える問題でのイージーミスは、「重複して数える」「数え忘れ」が代表的なミスとして挙がります。このミスを防ぐためには、数える方向を常に一定にしておくことです。そうすることで前述に挙げたミスを回避することができます。他にも、数えた物に印をつける方法のありますが、この場合、チェックの大きさに気をつけて書きましょう。

【おすすめ問題集】
　Ｊｒ・ウォッチャー37「選んで数える」

問題23　分野：常識

〈準 備〉　鉛筆

〈問 題〉　左に関係のあるものを、右の中から見つけて○をつけましょう。

〈時 間〉　各15秒

〈解 答〉　下図参照

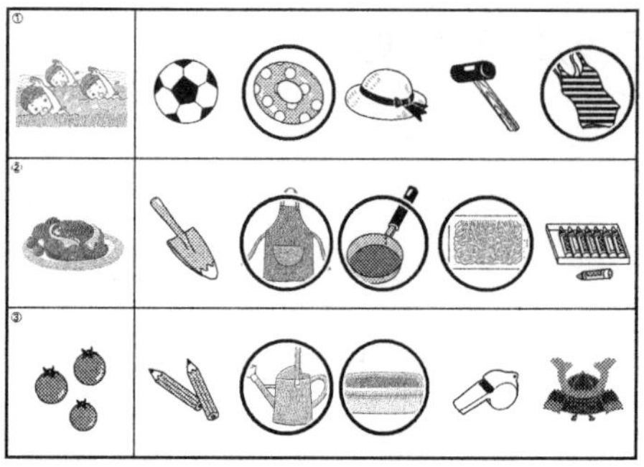

アドバイス

本問は２つ以上の答えがある問題です。答えの数が指定されていませんから、保護者の方は２つとも答えられたかどうかも見てください。こうした点にも対応できるよう試験対策をしておくとよいでしょう。さて、本問の内容は日常生活で使う道具に対して年齢相応の知識があるかどうかを問う問題になります。保護者の目から見れば、いずれもごく簡単な内容に思えますが、例えば②については、ハンバーグがひき肉からできているというのは買い物や料理を手伝った経験がなければおそらく分からないでしょう。日常生活に関わる問題は、当校では頻出です。その範囲はご家庭の道具のほか、職業や乗り物、ものの単位や昔話など、多岐に渡ります。そのため、お子さまの学習においても幅広い分野を取り入れるようにしましょう。

【おすすめ問題集】
Ｊｒ・ウォッチャー12「日常生活」、27「理科」、55「理科②」、30「生活習慣」

家庭学習のコツ①　「先輩ママたちの声」を読みましょう！

本書冒頭の「先輩ママたちの声」には、実際に試験を経験された方の貴重なお話が掲載されています。対策学習への取り組み方だけでなく、試験場の雰囲気や会場での過ごし方、お子さまの健康管理、家庭学習の方法など、さまざまなことがらについてのアドバイスもあります。先輩ママの体験談、アドバイスに学び、ステップアップを図りましょう！

問題24　分野：図形（座標の移動）

〈準　備〉　鉛筆

〈問　題〉　左上のマスから始めて、途中の道は上のお約束の順番で進みます。線を引いて右下のマスまで行きましょう。

〈時　間〉　各１分

〈解　答〉　下図参照

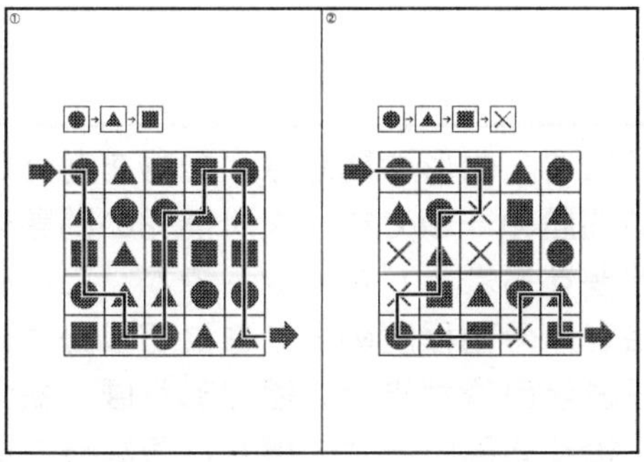

アドバイス

お約束に従って座標を移動しゴールを目指すという、小学校受験では頻出の問題です。当校で出題されるのはやや珍しいですが、一種の迷路ゲームとして楽しく学ぶことのできる題材です。①と②でお約束の数が異なりますが、このくらいの違いなら難易度にそう差はありません。いくつか同種の問題を解いていくうちに自ずとコツをつかんでいくことができるでしょう。本問で問われるのは正しくゴールできたかどうかという点はもとより、マスとマスの間の線をきちんと描けているかが重要になってきます。線がマスの中心を通り、曲がり角がしっかりしているか、クネクネした線になっていないか、お子さまにはこうした点にも注意するよう指導してください。

【おすすめ問題集】
Ｊｒ・ウォッチャー47「座標の移動」、51「運筆」、52「運筆②」

問題25　分野：欠如補完

〈準備〉　鉛筆

〈問題〉　絵の？に入るのはどれですか。当てはまるものを選んで○をつけてください。

〈時間〉　15秒

〈解答〉　右から２番目

アドバイス

問題自体の難易度は基本問題の部類に入ります。図形の問題は、分野を変え毎年出題されていますので、確実に点を取っておきたい問題の一つです。欠所補完の問題は、欠けている所に当てはまる絵の位置関係を正確に把握することがポイントです。この問題の力を伸ばす方法として、お子さま自身が描いた絵を４分割程度の大きさに切り分け、パズルを作って遊びます。この方法ポイントは、お子さま自身が描いた絵であれば、絵全体を把握しているはずです。ですから、分割しても、接する箇所同士の線がどうなっているかを把握しやすい状態になります。このように身近なところから始めることをおすすめします。ただ、パズルと違うのは、絵を見てつなげるのではなく、切断面の線の状態をみてつなげていくところです。絵で慣れてきたら、今度は線画で挑戦しましょう。このように、少しずつ難易度を上げていくことで、遊びから学習へと変化させていくことができます。後は、ペーパーで学習をする際、操作してきたことを思い出せ、着眼点が同じであることに気がつけば、力がついてくると思います。

【おすすめ問題集】
　Ｊｒ・ウォッチャー－59「欠所補完」

問題26　分野：聴く記憶

〈準備〉　鉛筆

〈問題〉　今から読むことを、よく聴いて覚えてください。その後、聴いた通りの絵を選んで○をつけましょう。

たかし君は学校の図書室から借りてきた、ネズミさんが出てくる絵本を自分の机で読みました。今日のおやつはサンドウィッチで、本を読みながら食べました。食べ終わったあと、お皿は台所に片づけました。そのあと、お母さんに新しく買ってもらった靴がうれしくて何度も見て、そのまま置いてあります。絵本を読み終わったあと、少し勉強をしようと、鉛筆と消しゴムを出しました。

（問題26の絵を渡す）
たかし君の机はどれでしょうか。絵の中から選んで○をつけましょう。

〈時間〉　20秒

〈解答〉　右端

アドバイス

一般的なお話の記憶の問題とはやや系統の異なる内容です。登場する物を記憶するだけだと、うっかり間違えてしまうかもしれません。机の上の情景を浮かべながらお話を聞くようにすれば、いまどういった状態にあるのか頭の中で整理することができるでしょう。本問の絵には、お話の中に登場しない物も描かれています。時計やカレンダー、トランプになります。お話の内容をしっかり記憶していれば問題なく解くことができるでしょうが、こうした物にも惑わされずに、正解を導き出すには、同種の問題を解くことによる「慣れ」もある程度必要になります。

【おすすめ問題集】
Ｊｒ・ウォッチャー20「見る記憶・聴く記憶」

問題27　分野：図形（系列）

〈準備〉　鉛筆

〈問題〉　ここにある絵は、ある約束によって並んでいます。その約束をよく考えて、空いている所に入る形を描きましょう。

〈時間〉　各30秒

〈解答〉　下図参照

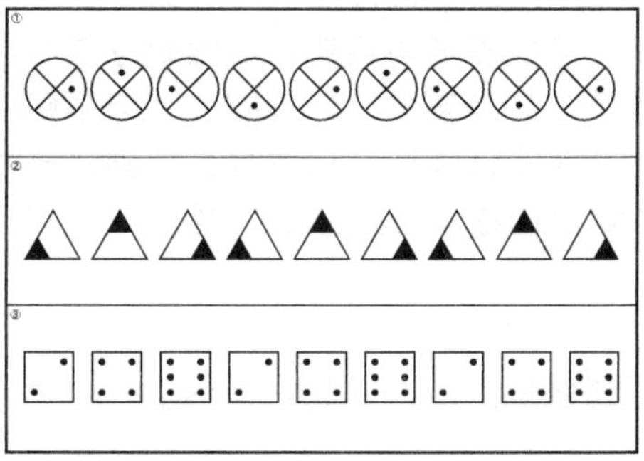

アドバイス

系列を完成させるには、どのようなお約束で図形が並んでいるかを前後のパターンから推理する必要があります。まず、なるべく近くにある同じ形を見つけて指で押さえて、間隔を変えずに1マスずつ進んでいき、繰り返しのパターンを見つけましょう。これがこの分野の問題を解く基本的な方法です。また、本問のようにサイコロの目や模様など「系列」に使用されるイラストはさまざまありますので、繰り返し多くの類似問題に取り組んで慣れていくようにしましょう。

【おすすめ問題集】
Ｊｒ・ウォッチャー６「系列」、46「回転図形」

問題28　分野：行動観察

〈準備〉　カラーボール、カゴ、ボールを入れる枠、紙コップ

〈問題〉　**この問題の絵はありません。**

お友だちと協力して中央のカゴの中にある色のついたボールを運びます。12人で１つのグループになります。

①チームで順番を決めて並びます。

②先頭の人は紙コップを持って、中央にあるカゴに向かい、ボールを１つコップの中に入れて、それぞれの色の枠の中に運びます。

③運んだら、次の人と代わります。

④流れている音楽が止まったら、運んでいる間でも止まります。音楽が始まったら、ボール運びを再開します。

⑤「やめ」の声がかかったら終了し、後片付けをします。

〈時間〉　10分

〈解答〉　省略

アドバイス

協調性、積極性を観点とした、グループで行う行動観察は当校では必須の課題です。当校は本問のように比較的、大人数で行うのが特徴です。課題の内容自体は、ボールをコップに入れて、ボールの色に応じた枠の中に運ぶ、ただそれだけで単純なものです。難しい動きは何もないので誰にでもできる内容といってよいでしょう。ですので、評価される内容は、ボール運びの出来不出来などではなく、待つ姿勢や競技中の態度が中心となります。本問は12人で行うため、総じて待ち時間が長くなります。この際に、緊張感のない態度をしているとすぐにチェックが入ります。お子さまにはこうした際の行動こそが観られていると、試験対策に際してはしっかりと言い聞かせるようにしてください。

【おすすめ問題集】

Ｊｒ・ウォッチャー28「運動」、29「行動観察」、30「生活習慣」、
新 運動テスト問題集

問題29　分野：：行動観察（自由遊び）

〈準備〉　折り紙、積み木、絵本など

〈問題〉　**この問題の絵はありません。**
先生に呼ばれるまで、ここでほかのお友だちと自由に遊びましょう。

〈時間〉　適宜

〈解答〉　省略

アドバイス

この課題は次の行動観察の待機場所で行います。本格的な課題ではありませんが、観察はされていますので油断しないようにしてください。「自由遊び」ですから、１人で遊ぶのも自由なのですが、ほかのお友だちと遊んだ方がよい評価を得られる可能性が高まります。自然にほかのお友だちに声をかけたり、いっしょに遊ぶということは積極性や協調性があるというよい評価につながるかもしれません。ただし、トラブルは起こさないでください。優れた志願者を見つけるというよりは、自由に遊んでよいという状況でも、普通に行動できない問題のある志願者をチェックするための課題なのです。

【おすすめ問題集】
Ｊｒ・ウォッチャー23「切る・貼る・塗る」、29「行動観察」、
56「マナーとルール」

問題30　分野：口頭試問・行動観察

〈準備〉　なし

〈問題〉　**この問題の絵はありません。**
①口頭試問
・はじめのあいさつ
・試験官からいくつか質問（「今日は誰と来ましたか」「園では何をがんばっていますか」「お家の人にほめられたことは何ですか」「おうちの人に叱られたことは何ですか」など）
②生活常識
服をハンガーに掛け、机の上の体操服をきちんとたたみましょう。
③行動観察
４人１グループでお店屋さんごっこをしましょう。

〈時間〉　適宜

〈解答〉　省略

アドバイス

当校では志願者本人の面接はありませんが、本問のように行動観察の一環として口頭試問が組み込まれています。この問題では、「お店屋さんごっこ」を前に、これから何をするのか不安に感じるかもしれませんが、たずねられたことに落ち着いて答えられれば問題ありません。保護者の方は、初めての場所や初めて会う人との会話の機会を作り、物怖じしないようお子さまを指導していきましょう。また、課題の前後にはあいさつがありますが、大きな声でできるよう、日頃から家庭や幼稚園などでも注意してください。初めて行うものだったり、苦手なものであったとしても、真面目に取り組む姿勢が大切です。ある日突然できるような種類のものではありません。ふだんから何事にも一生懸命臨む姿勢がにじみ出るものです。

【おすすめ問題集】
新口頭試問・個別テスト問題集、家庭で行う 面接テスト問題集
Ｊｒ・ウォッチャー25「生活巧緻性」、29「行動観察」、30「生活習慣」、
56「マナーとルール」

問題31　分野：行動観察（食事テスト）

〈準備〉　なし

〈問題〉　**この問題の絵はありません。**
これからみんなで食事をします。食事をする時の注意をいくつか言いますから、よく聞いて守ってください。
①お喋りをしないで、残さずに食べてください。
②食べ終わったら、食器はそのままで大丈夫なので、お兄さんのところに行きましょう（お世話をする６年生のお兄さんたちが待機している）。
③お茶が無くなったり、お箸やスプーンを落としてしまったら、手を挙げてください。時間内に食べられなかったら、残しても大丈夫です。

〈時間〉　20分程度

〈解答〉　省略

アドバイス

当校で出題されている食事テストです。前問までの行動観察・口頭試問が終わったあと、手を洗い、給食室でみんなと一緒に食事をとるものです。お箸は子ども用の六角箸が用意され、本年の食事メニューは、「唐揚げ、ほうれんそうのおひたし、ご飯、お味噌汁、梨、麦茶」でした。さまざまな食材が豊富に使われているようですが、すべて食べなければ合格しないわけではありません。しかし、日頃から好き嫌いは出ない方がよいでしょう。試験官から出される指示を守ること、箸の持ち方・使い方、食べ残し、食べこぼしなどもできればしないように気をつけましょう。食事の量は小学校１年生の半分の量で、時間は20分程度です。食べながらのお喋りは厳禁で、早く食べ終わった人から退室します。

【おすすめ問題集】
新口頭試問・個別テスト問題集、Ｊｒ・ウォッチャー56「マナーとルール」

問題32　分野：保護者面接

〈準　備〉　なし

〈問　題〉　この問題の絵はありません。

・本学の建学の精神に基づいた取り組みを理解していますか。
・家庭でお子さまに接する時、大切にしていることはなんですか。
・ご家庭に決まりごとありますか。（あると答えた時）それはどんなことですか。
・お子さまについて学校に伝えておきたいことはありますか。
・志望理由をお聞かせください。
・ご家庭のしつけについてお聞かせください。
・お子さまが最近誰かに褒められたことはなんですか。
・この夏、お子さまが成長されたところをお聞かせください。
・「子は親の背中を見て育つ」と言われますが、実践していることはなんですか。
・お子さまは幼稚園のことをよく話しますか。
・家庭でお子さまと接する上で１番気をつけていることはなんですか。
・いじめについてどうお考えですか。また、学校へのご要望はありますか。

－保護者が当校の卒業生の場合－
・当校に通われていた時のエピソードや印象に残っている出来事をお聞かせください。
・卒業してよかったこと、改善してほしいところについてお聞かせください。

〈時　間〉　約10分

〈解　答〉　省略

アドバイス

当校の面接は保護者のみです。事前アンケートや提出した書類に基づいた質問はありますが、それほど込み入ったことは聞かれません。入学意思、熱意といったものを測ることが大きな目的の面接ですから、それを前面に出せれば悪い印象を与えないでしょう。保護者が当校の卒業生の場合は、通われていた当時のエピソードや印象に残っていることなどを聞かれる場合がありますので、回答を用意しておいた方がよいでしょう。また、通っていた幼児教室や関係者などついて聞かれた時は、慎重に答えてください。内容によって話さない方がよい場合もあります。アットホームな雰囲気の面接ですが、最低限のマナーは守ること、要望を述べるにしても常識の範疇にとどめておくようにしてください。

【おすすめ問題集】
新 小学校面接Q&A、保護者のための入試面接最強マニュアル

2023年度の過去問題

問題33　分野：常識（季節）

〈準備〉　鉛筆

〈問題〉　左の四角を見てください。同じ季節のものを、右の四角から選んで○をつけてください。

〈時間〉　各15秒

〈解答〉　①右端（ひまわり）　②右から２番目（クリスマス）

アドバイス

実際のテストは、Ｂ４サイズに左止めの冊子状態で行われます。この問題は、２枚で１問となっています。１枚目が終わって、ぼーっとしていては点数が取れません。先生の説明をしっかりと聞き、きちんと対応できるようにしておきましょう。対応ができていなかったときは、説明を聞いていなかったか、覚えていられなかったか、どちらかに原因があります。この場合、別の問題にも影響を及ぼす可能性があることから、きちんと修正をしてください。近年、行事にしても、食べ物にしても季節感がなくなってきています。そのことで、季節に関する認識が薄くなっています。その様なことを避けるためにも、なおのこと日常生活に季節感を取り入れた生活を心がけていただきたいと思います。問題としては特に難易度の高い問題ではありませんから、このような問題で確実に点数を取れるようにしましょう。

【おすすめ問題集】
　Ｊｒ・ウォッチャー34「季節」

問題34　分野：数量

〈準備〉　鉛筆

〈問題〉　①左上の四角を見てください。一番数が多いものを、右から選んで○をつけてください。
　②真ん中の左の四角を見てください。一番数が多いものを、右から選んで○をつけてください。
　③左下の四角を見てください。一番数が少ないものを、右から選んで○をつけてください。

〈時間〉　各20秒

〈解答〉　①左（時計）　②左端（浮き輪）　③右端（アイス）

アドバイス

この問題も、常識の問題に続き複数枚（本問題では３枚ありました）行う問題です。前問が２枚だったからと２枚で止めていませんか。先生の説明をしっかりと聞いて対応するように、日頃から指示の出し方を工夫してみてください。数の問題に関しては、ミスの原因は数え間違いが大半ですが、それも大別して２つに別れます。一つは、重複して数えること、もう一つは数え忘れがあることです。どちらも、数える順番が定まっていないことに原因があります。そのミスを防ぐために、数える方向を常に一定にすること、数えた絵には小さくチェックを入れるなどの方法があります。しかし、チェックを入れると、絵と重なって見づらくなる可能性があるので注意してください。こうした準備をしっかりとして問題に望めば、イージーミスを未然に防ぐことはできます。後は、問題量をこなし、慣れることで、ミスも減ってくると思います。

【おすすめ問題集】

Ｊｒ・ウォッチャー37「選んで数える」

問題35　分野：言語

〈準備〉　鉛筆

〈問題〉　左の四角を見てください。音を１つ足してできる言葉を、右の四角から選んで○をつけてください。

〈時間〉　各15秒

〈解答〉　①右端（ぼうし）　②左から２番目（すいか）　③左端（積み木）
④左から２番目（たいこ）

アドバイス

まずは、描かれてある絵の名称を正しく覚えていないと問題を解くことができません。元の絵の名前が分かれば、後は、選択肢に描かれてある絵の名前と連動させれば答えが見つかると思います。もし、選択肢の数を減らすことが可能なら、先に選択肢から除外した方が考えるときに楽になります。問題を解く際に気をつけていただきたいことは、声に出して考えないことです。試験の最中に注意を受けたとしたら、お子さまは、ものすごく緊張してしまいます。そうなると、試験の最中に修正して持ち直すことは不可能に近いとお考えください。ですから、そうならないためにも、声には出さずに、頭の中で行う方法を習得しましょう。

【おすすめ問題集】

Ｊｒ・ウォッチャー60「言葉の音（おん）」

問題36　分野：図形（回転）

〈準 備〉　鉛筆

〈問 題〉　左の四角を見てください。絵を３回右に回すと、どのような形になりますか。右の四角から選んで○をつけてください。

〈時 間〉　各15秒

〈解 答〉　①左端　②右端

アドバイス

回転図形は小学校受験では頻出の問題の一つです。まずは、簡単な絵が形で、回転することで、どのように変化していくのかをしっかりと把握しておきましょう。簡単なものを使って回転と変化の関係の関係性を把握すれば、難しい内容になっても、どこに着眼をすればよいのかがわかり、問題を解きやすくなります。学習をするときは、いきなり難易度の高い問題にチャレンジをするのではなく、基礎固めをしっかりと行ってください。基礎が固まれば、後は自然とできるようになります。基礎力のアップにはオセロを活用してみてはいかがでしょう。８×８のマスを、４×４に４つ区切ります。左上のマスに駒をおきます。そして、それぞれ90度ずつ回転したらどうなるか。駒を置いていきます。そのように実物を動かすことで、理解度がアップするのと平行し、頭の中でも図形を操作できるようになってきます。具体物とペーパーを上手に活用して力を付けましょう。

【おすすめ問題集】

Ｊｒ・ウォッチャー46「回転図形」

問題37　分野：聴く記憶

〈準　備〉　鉛筆、白い紙

〈問　題〉　この問題の絵はありません。

今から読むことを、よく聴いて覚えてください。その後、聴いた通りの絵を描いてください。

左から○×△を描き、それを□で囲んでください。その上に○を描き、その中に☆を描いてください。

〈時　間〉　30秒

〈解　答〉　下図参照

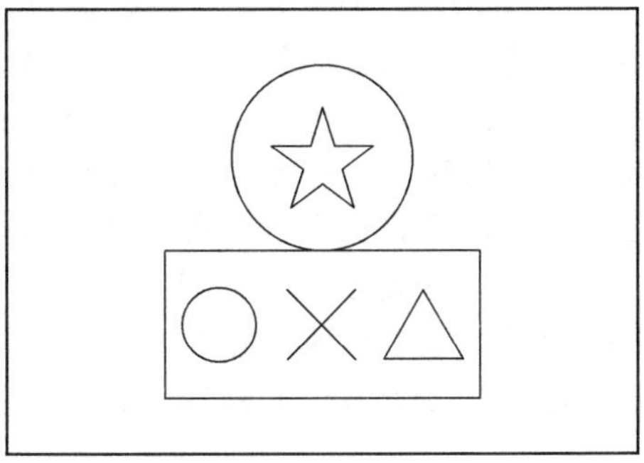

アドバイス

まず、全ての指示を聞いてから実際に解答用紙に描き込んでいきますが、その際、大切なことの一つに、全体像を把握することがあります。全体でどれぐらい描くのかを把握しておかないと、後で、描くスペースが足りないという事態になってしまいます。そのためには、話を聞きながら、頭の中に図形を思い描きながら聞くことが大切です。全ての指示を聞いた後に全体像を考えてから、作業に移ったのでは解答時間が短くなってしまいます。またお子さまが解答した跡をよくご覧ください。筆圧はどうだったでしょうか。一つひとつの形はしっかりと頂点を含めて描けていたでしょうか。指示された順番に形は描けていたでしょうか。そして大切なことは、指示の順番通りに描けていたかも大切です。試験では、描いた結果を観られますが、家庭学習においては解答のプロセスも観察することが可能です。お子さまが解答している最中もしっかりと観察して、お子さまの記憶力を確認してください。

【おすすめ問題集】

Ｊｒ・ウォッチャー20「見る記憶・聴く記憶」

問題38　分野：数量

〈準備〉　鉛筆

〈問題〉　上の四角を見てください。○の数だけ○を、△の数だけ△を描いてください。

〈時間〉　30秒

〈解答〉　①○：8　②△：7

アドバイス

上の四角には、さまざまな形が描いてあります。同じ形でも、大きさが違うものもあり、それらを含めて数える事ができたでしょうか。このようにランダムに描かれてあるものを数える場合、先のアドバイスにも記載しましたが、数え忘れるか、重複するかのミスが考えられます。対策の方法として、オセロの駒を使用したトレーニングをご紹介しますので参考にしてください。用意するものは蓋のようになっている箱とオセロの駒です。保護者の方は、適当に駒を手に取ります。そしてお子さまに指定した色の駒の数を数えさせます。箱の中に駒を投げ入れる際、色の指定をし、数秒後には箱を隠します。そしていくつあったかを数えさせます。最初は5個程度の少ない数から始めるとよいでしょう。慣れてきたら数えさせる時間を短くしたり、駒の数を増やしたりして難易度をアップさせるとよいでしょう。

【おすすめ問題集】
　Ｊｒ・ウォッチャー37「選んで数える」

問題39　分野：お話の記憶

〈準備〉　鉛筆

〈問題〉　今からお話をしますので、後の質問に答えてください。

今日は朝からとてもよい天気。はるこさんは、いつもより少し早く目が覚めました。今日は、お父さんと一緒に、おばあちゃんの家へ遊びに行く日です。はるこさんは、おばあちゃんが大好きで、この日をとても楽しみにしていました。車でおばあちゃんの家に着くと、タマが走って出迎えてくれました。タマは、おばあちゃんが飼っているネコで、白くて長い毛がとても綺麗です。はるこさんは、タマと一緒に家に入って、おばあちゃんにクッキーを渡しました。甘いものが大好きなおばあちゃんのために、はるこさんは家でクッキーを焼いてきたのです。おばあちゃんはとても喜びました。しばらくタマと遊んでいると、おばあちゃんが、リンゴジュースとショートケーキを出してくれました。おやつを食べた後は、お父さんと川へ行きました。トンボがたくさん飛んでいて、いろいろな魚が泳いでいました。はるこさんは、お父さんに教えてもらいながら、釣りを楽しみました。おばあちゃんの家に戻ると、もうすっかり帰る時間になっていました。おばあちゃんは、「おうちへ帰ったらみんなで食べてね」と、桃をたくさんくれました。はるこさんは、おばあちゃんにお礼を言い、「次は泊まりに来るね」と約束しました。

①上の段を見てください。おばあちゃんが帰る時にくれたものは何ですか。選んで○をつけてください。
②真ん中の段を見てください。タマはどれですか。選んで○をつけてください。
③下の段を見てください。おばあちゃんがはるこさんに出してくれたおやつは何ですか。選んで○をつけてください。

〈時間〉　各20秒

〈解答〉　①右から２番目（桃）　②右から２番目（白いネコ）
③左端（ショートケーキ）

アドバイス

当校は、例年お話の記憶は出題されています。2023年度は、内容も比較的簡単で、文量も少ない問題でした。お話の記憶を解くためには、記憶力、理解力、語彙力、集中力、想像力が必要だといわれています。これは、入学後、授業を受ける際に必要な力となります。逆に言えば、これらの力が備わっていないと、入学しても授業についてくることができないと判断されます。これらの力を養うためには、本に触れる機会を積極的につくること、さまざまな体験をさせることは必要不可欠です。また、当校の国語の授業では、読解力や語彙力などの基礎学力を身につけるだけでなく、コミュニケーション力を養う授業を展開しています。普段から、幼稚園ではどんなことをしたのかなど、出来事を振り返る機会を与えるようにして、コミュニケーション力の土台をつくるようにしましょう。

【おすすめ問題集】
１話５分の読み聞かせお話集①②、　お話の記憶　初級編・中級編、
Ｊｒ・ウォッチャー19「お話の記憶」

問題40　分野：行動観察

〈準備〉　コップ15個

〈問題〉　この問題の絵はありません。

①コップでタワーを作ります。できるだけ高く積み上げてください。

②お友だちを探して、２人組を作ってください。コップでタワーを作ります。できるだけ高く積み上げてください。

③８人で１グループになってください。コップでタワーを作ります。できるだけ高く積み上げてください。

〈時間〉　各５分

〈解答〉　省略

アドバイス

この問題の観点について、皆様はどのように考えていますか。行動観察は、当校の特徴といえる問題の一つです。この問題も、最初は一人で行い、次に二人で、最後はグループで行いました。取り組む人数を変えると、求められることが変わり、同時に観点も多岐にわたってきます。同じ課題の中で求められることが変化する状況で、お子さまは、その場で対応しなければなりません。しかも、この課題は失敗することが多いと思います。上手くいかなかった時、お子さまはどのような反応を示すでしょうか。この問題は、積み上げたか否かの結果を観ているのではなく、取り組む姿勢、協調性、集中力などを観ている内容だと思います。また、終わった後は、片付けまでしっかりとできたでしょうか。片付けは言われなくてもできなければなりませんし、言われなかったから観点には入っていないと考えるのは間違えた対策になります。これらは、日常生活を通して、どのように育てられてきたのかを観られているといっても過言ではありません。また、コロナ禍以降の入試では、重要な観点の一つとなっています。

【おすすめ問題集】

Ｊｒ・ウォッチャー29「行動観察」

問題41　分野：行動観察（食事テスト）

〈準備〉　お箸、ラーメンが入ったお椀、
ラーメンの具材（たまご、のり、刻みねぎ、もやし、かまぼこ）

〈問題〉　**この問題は絵を参考にして下さい。**
①食べる時の挨拶をしましょう。
②お椀を持ちましょう。
③お箸でお椀のラーメンに具材を乗せましょう。
④食べ終わる時の挨拶をしましょう。

途中質問
・お母さんにほめてもらうには、どうしたらよいですか。
・この中で嫌いな食べ物はありますか。あったらどうしますか。

〈時間〉　適宜

〈解答〉　省略

アドバイス

2022年度と試験の内容は違いますが、観点は同じと捉えてよいでしょう。指示の遵守、箸の持ち方、お椀の持ち方など、食事全般に関するマナーが求められます。これだけ毎年のように出題されている場合、学校側も、対策をしてきて当然と考えており、どこまでできればよいとか考えると、完璧にできてほしいという回答になります。近年、こうした内容に関しての出題が多く見られますが、どの学校も「採点基準は完璧のみを正解とする」というところが多く見られます。コロナ禍の生活において、お子さまのマナーや躾に関することは、家庭の責任と捉えている学校は多く存在します。当校も毎年のように出題していることを考慮すると、事前にきちんと身につけてくることを求めているメッセージが込められている問題と考えた方がよいでしょう。また、その後の質問は、以前は実際に食事をしている最中に、口頭で質問されています。

【おすすめ問題集】
新口頭試問・個別テスト問題集、Ｊｒ・ウォッチャー56「マナーとルール」

問題42　分野：制作

〈準備〉　画用紙、色鉛筆、ハサミ
画用紙を縦10cm×横15cmの長方形に切り取っておく。

〈問題〉　**この問題は絵を参考にして下さい。**
誕生日カードをつくりましょう。
①画用紙を自由に描いてください。
②描き終わったら、四隅をハサミで切り取ってください。

〈時間〉　10分

〈解答〉　省略

アドバイス

ハサミを使用して誕生日カードを作りますが、カードを指示通り、切ることができたでしょうか。また、取り組んでいるときの姿勢は指示の遵守はどうであったか。また切れ端はどうしたでしょうか。試験は作るものだけを観ているのではありません。使用後の状況も含めて観察されていることを忘れないようにしましょう。特に、作品を作り終えると、緊張感が途切れやすくなります。お友だちの作品が気になったり、自分の作品の出来を見たりと、作品に意識が集中します。このようなときに使用した文房具の扱い、片付けが疎かになってしまうことはよくあることですが、これらは、減点の対象となります。特に刃物は人を傷つける可能性があることから、扱いには十分注意しましょう。ご家庭で練習をするときは「何を作る」かではなく、「何をしたか」に着眼し、試験で行った操作を積極的に取り入れ、道具などの使用に慣れておきましょう。

【おすすめ問題集】
Ｊｒ・ウォッチャー23「切る・塗る・貼る」、24「絵画」
実践ゆびさきトレーニング①②③

問題43　分野：指示行動

〈準備〉　傘、画用紙
画用紙で水たまりをつくっておく。

〈問題〉　この問題は絵を参考にして下さい。
今から言うことを実際にやってください。
①傘を差してください。
②水たまりを踏まないように歩いてください。
③傘をたたんでください。

〈時間〉　適宜

〈解答〉　省略

アドバイス

まず、傘を持って左右に動きながら歩くのは、体幹がしっかりしていないとフラフラしたり、ヨロヨロしてしまいます。だからといって、ゆっくり移動するのもよくありません。小学校に入学すると、雨の日は傘を差しての当校となります。ですから、傘を差して歩く行為は特別なことではなく、日常生活で起きることでもありますし、現在でも体験していると思います。ですから、この試験について「できない」という評価はないと思っています。そうなれば、歩くことでの減点は大きなマイナスになることの予想はつくと思います。また、傘をたたむことはどうでしょう。お子さまが使った傘を保護者の方がしまってあげていたのでは、できないと思います。これはできる、できないだけでなく、「自然に」という言葉を頭に付けて判断してください。雨の日、濡れた傘を広げたままいれば、周りの人に迷惑を掛けることになります。そうした一般常識的な観点からも、自分が使用した傘は、自分できちんとたためるようにしておきましょう。

【おすすめ問題集】
Ｊｒ・ウォッチャー29「行動観察」

問題44　分野：保護者面接

〈準　備〉　なし

〈問　題〉　**この問題の絵はありません。**

・建学の精神のどこに共感されていますか。
・学校の教育方針に賛同いただけますか。
・お子さまが初めてできたことで、褒めてあげたことは何ですか。
・お子さまとは普段どのように関わっていますか。
・ご家庭の教育方針は何ですか。
・ご家庭でお子さまと約束していることは何ですか。
・最後に学校に伝えておきたいことはありますか。

〈時　間〉　約10分

〈解　答〉　省略

アドバイス

面接テストの内容は、前年と大きく変化はしていません。学校への理解、子どものこと、家庭の教育方針・躾などです。入試において出題される内容は、学校が求めている力を観ることでもありますが、学校が求めていることを伝える役割も持っています。面接の内容がある内容に集約されていることを鑑みると、受験生に対してのメッセージ性が強い内容と解釈することができます。その場合、お子さまの行動と保護者の方の回答が一致しているかどうかが、更なる問題点として持ち上がってきます。保護者の方は、学校への理解について、単に教育方針だけでなく、面接テストでの質問内容についても理解をし、それを行動に移すことで、理解をしていると考えるようにするとよいでしょう。なぜなら、行動も伴った場合、面接時の回答もきっと力強く、明確に回答することができるからです。学校はそのような家庭を求めていることは言わなくてもお分かりいただけると思います。

【おすすめ問題集】
新 小学校面接Q&A、保護者のための入試面接最強マニュアル

☆城星学園小学校

問題1

①

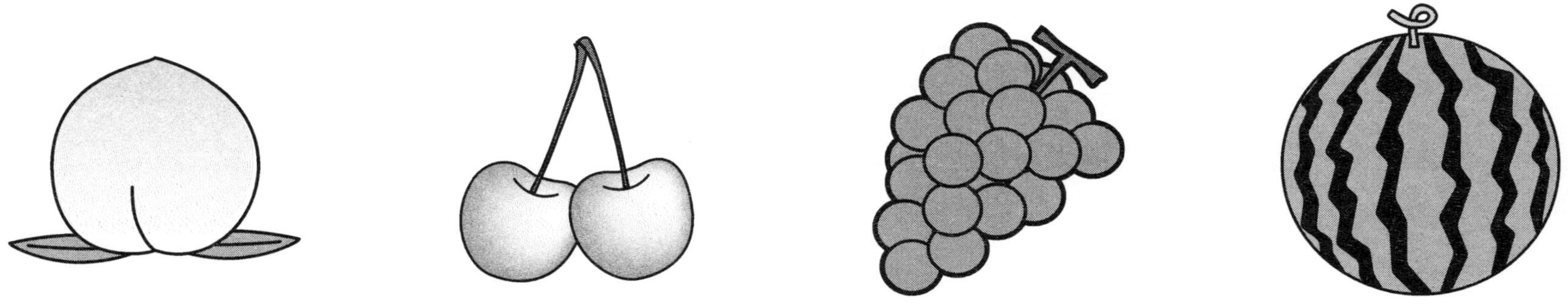

②

問題2－1

☆城星学園小学校

2025 年度 城星学園・帝塚山学院 過去 無断複製／転載を禁ずる 日本学習図書株式会社

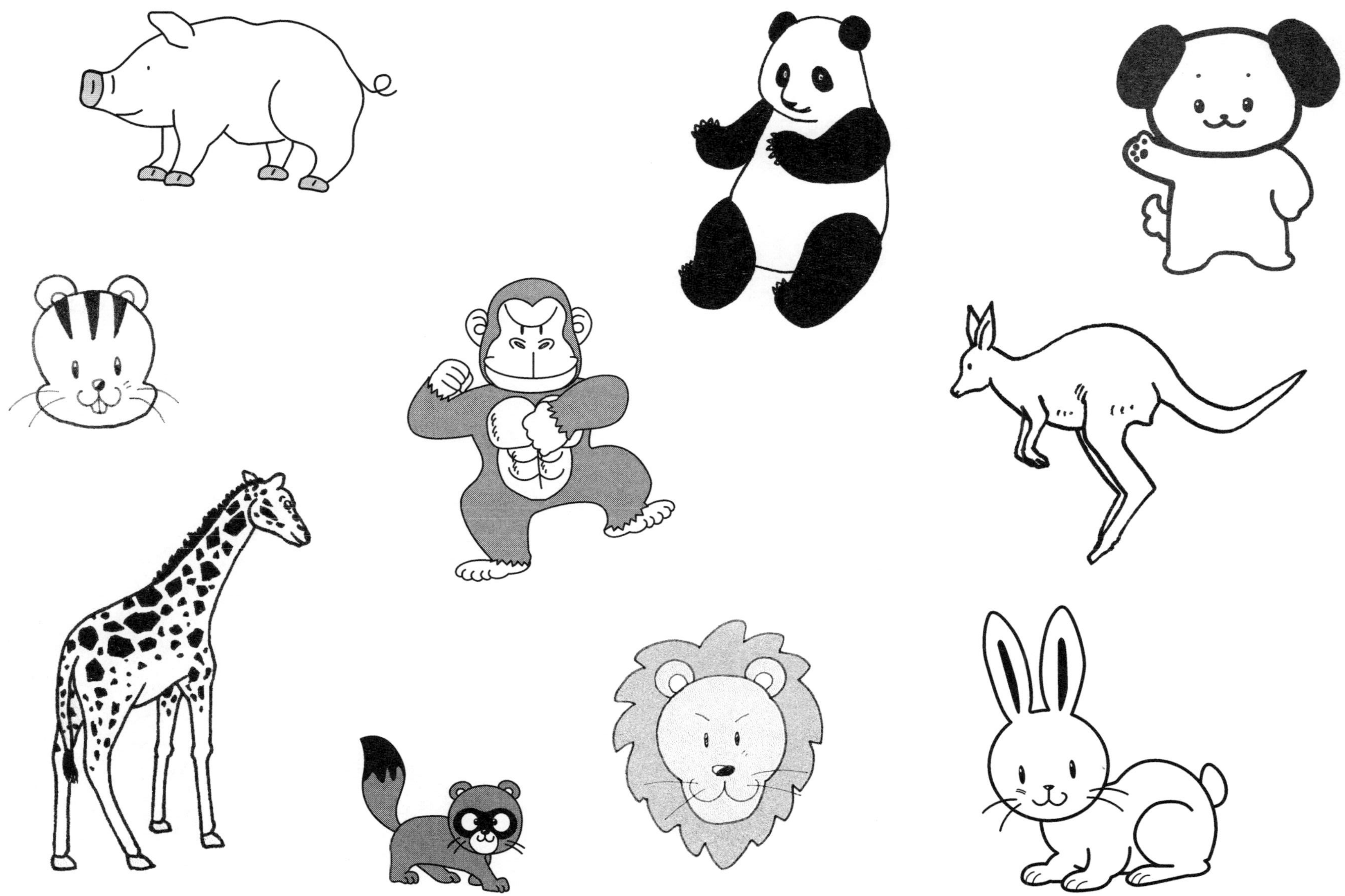

☆城星学園小学校

問題3

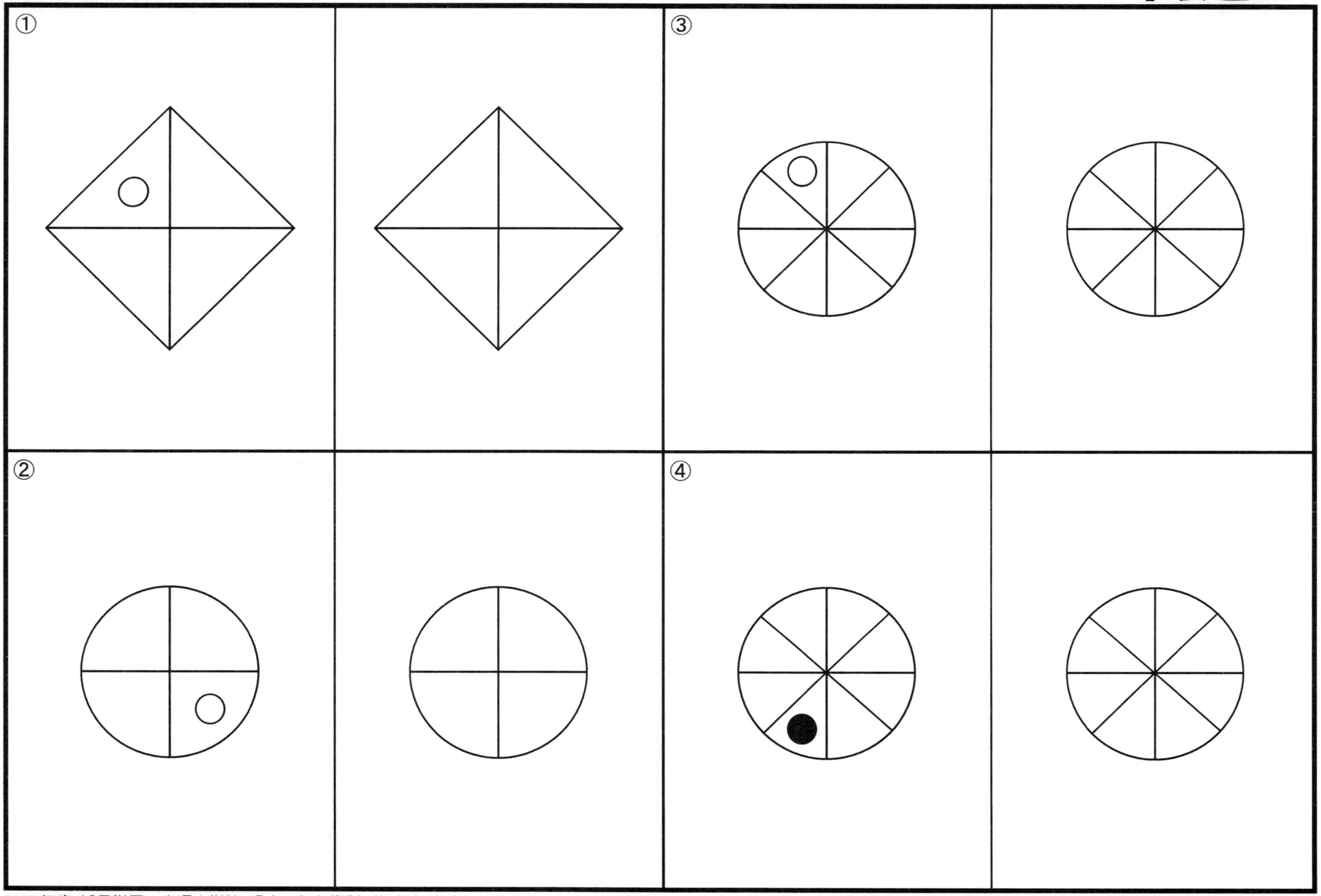

☆城星学園小学校

2025 年度 城星学園・帝塚山学院 過去 無断複製／転載を禁ずる 日本学習図書株式会社

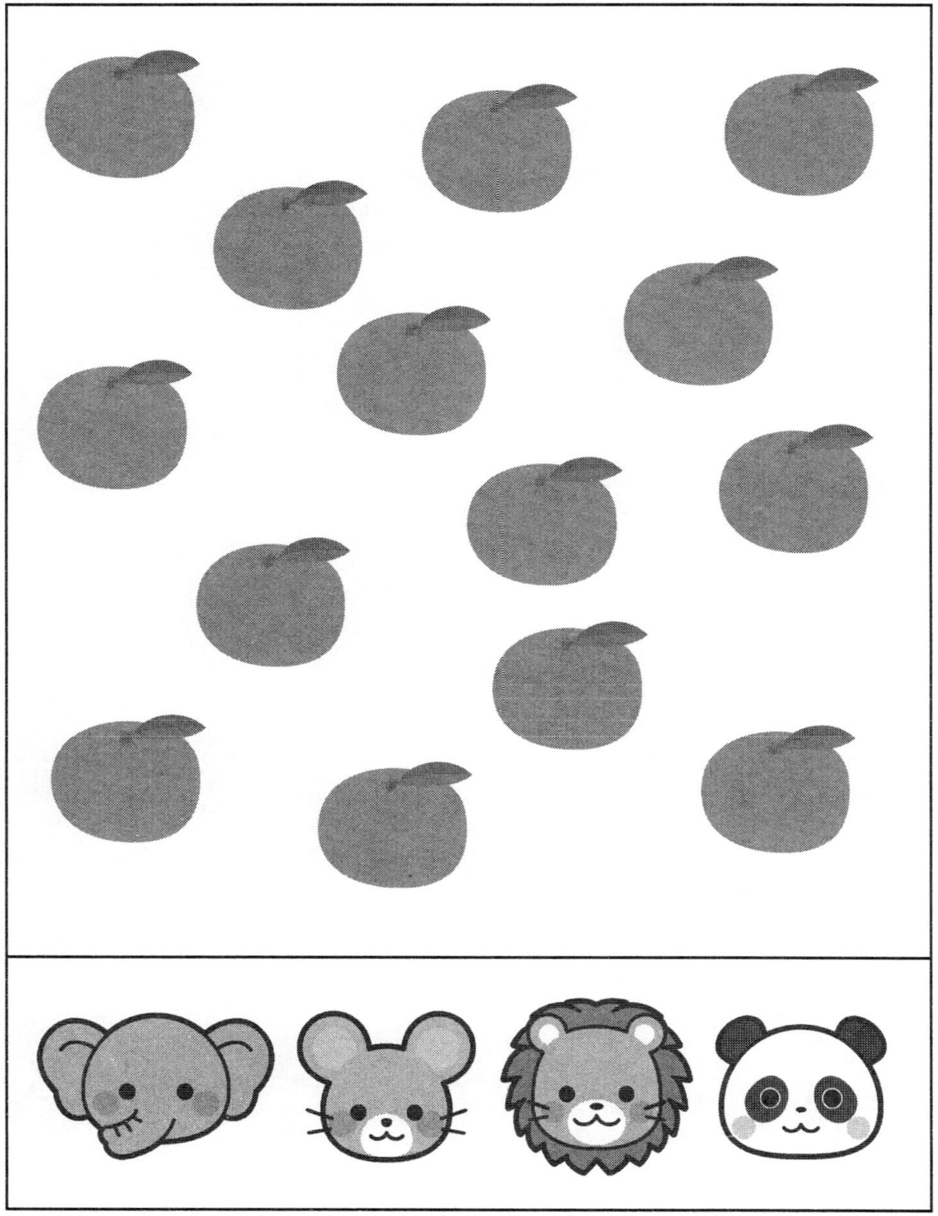

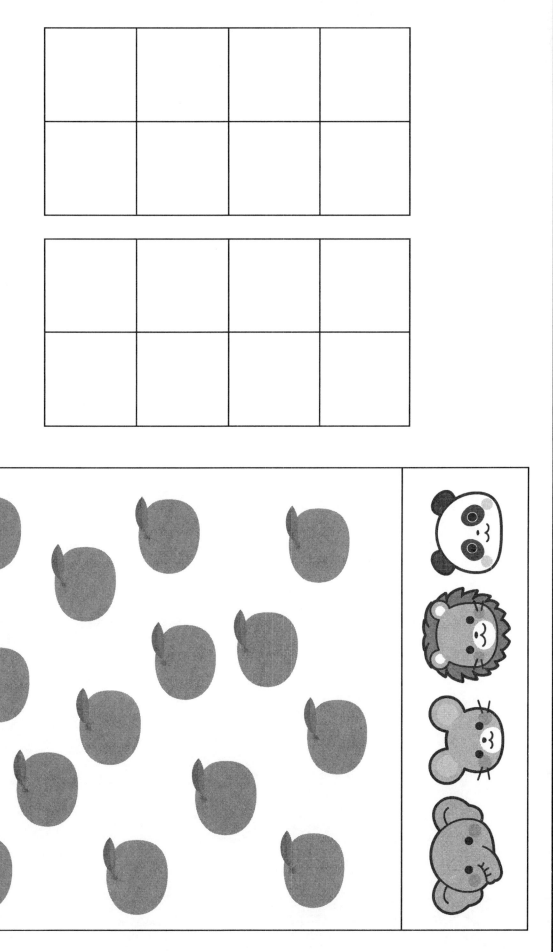

問題5

①

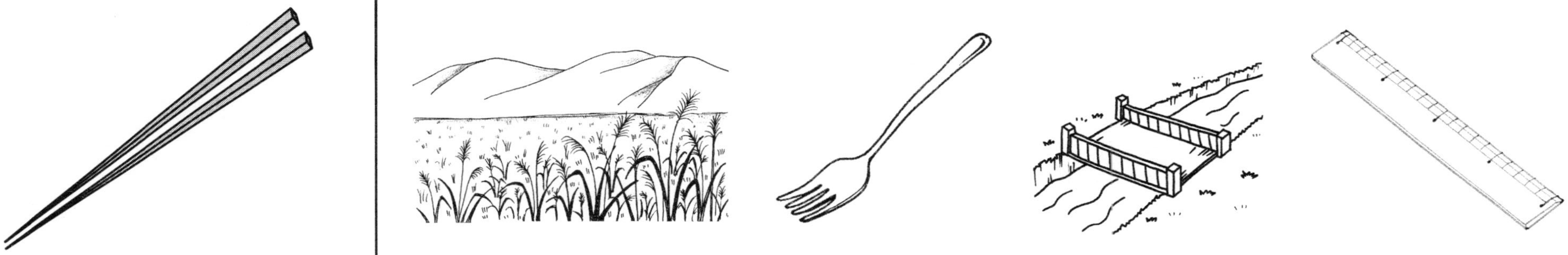

②

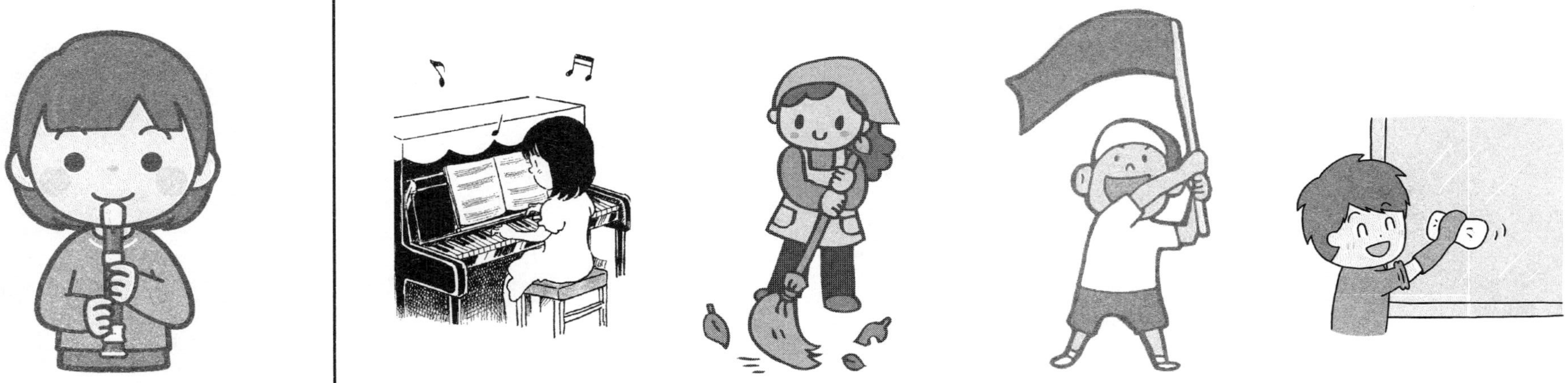

日本学習図書株式会社

☆城星学園小学校

問題6

日本学習図書株式会社

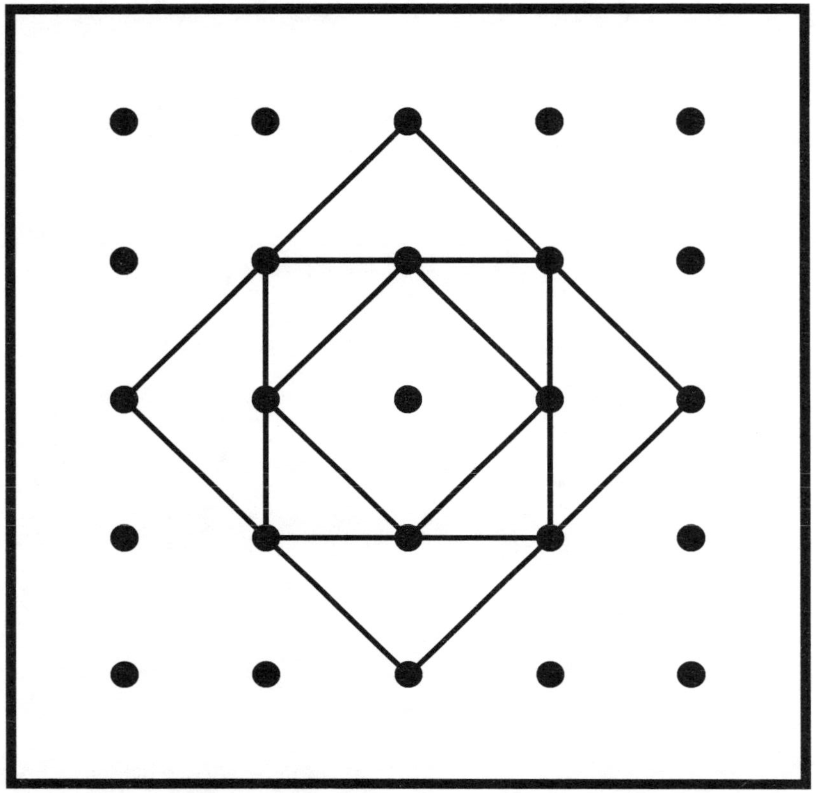

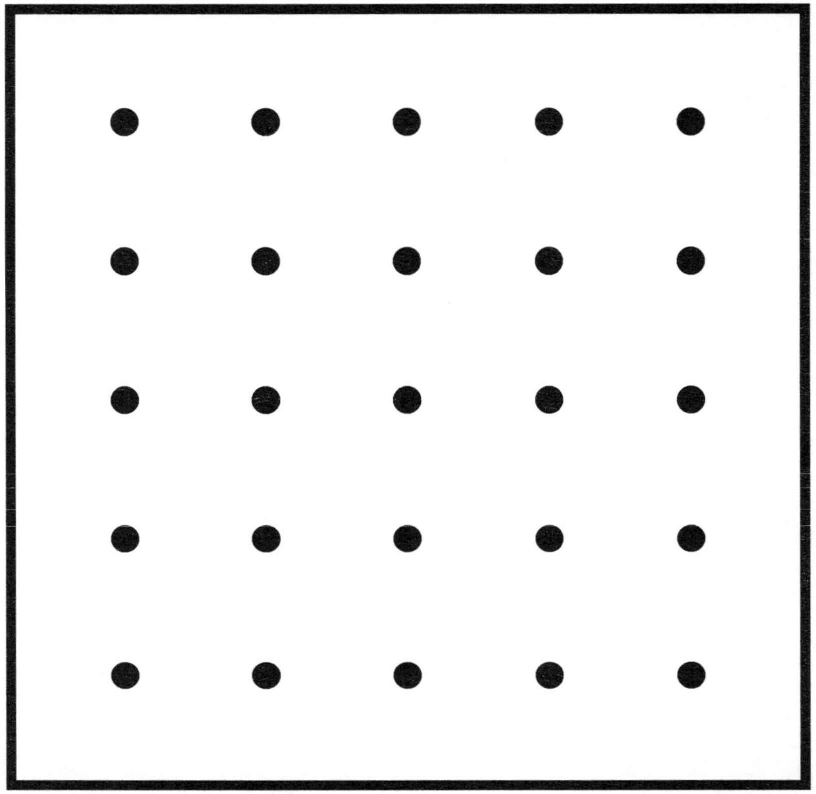

問題8

問題9

日本学習図書株式会社

問題１０

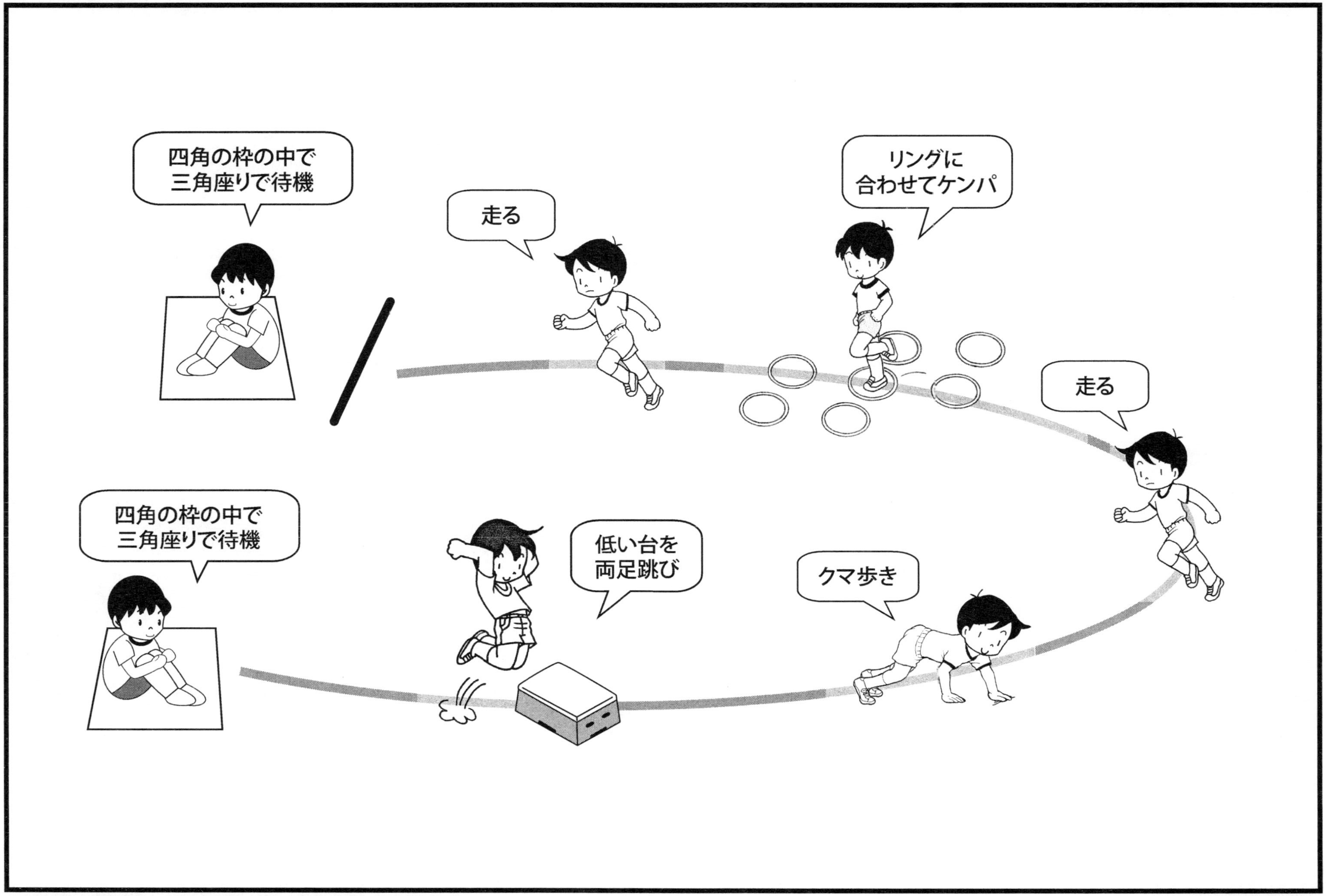

四角の枠の中で
三角座りで待機
走る
リングに
合わせてケンパ
走る
四角の枠の中で
三角座りで待機
低い台を
両足跳び
クマ歩き

問題１１

☆城星学園小学校

①

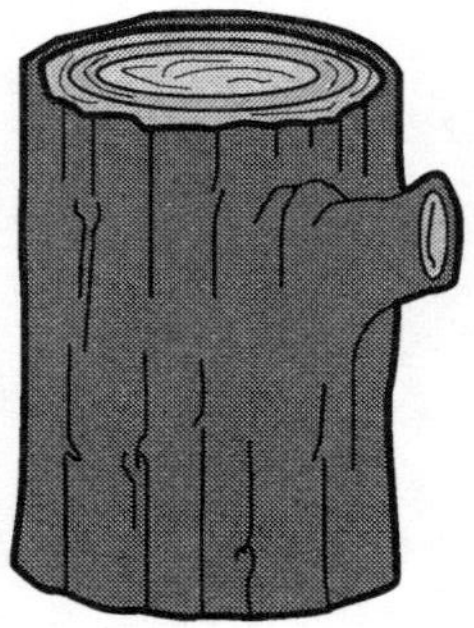

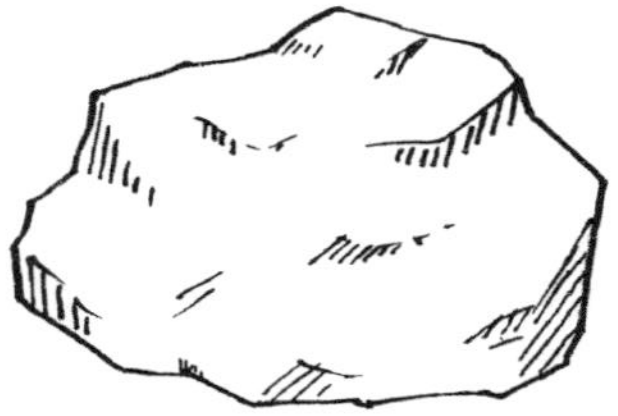

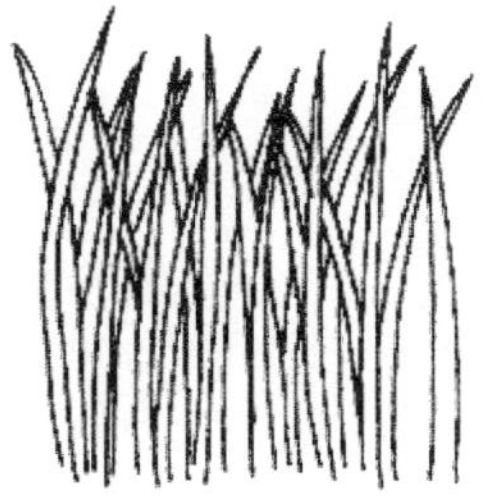

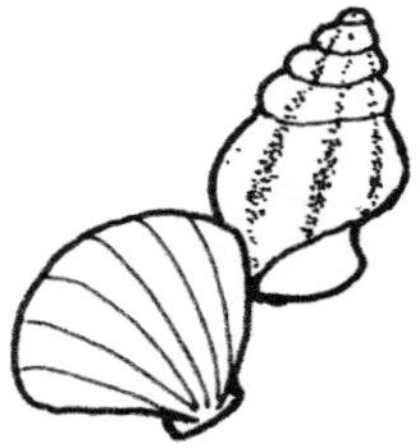

問題１２－１

問題１２－２

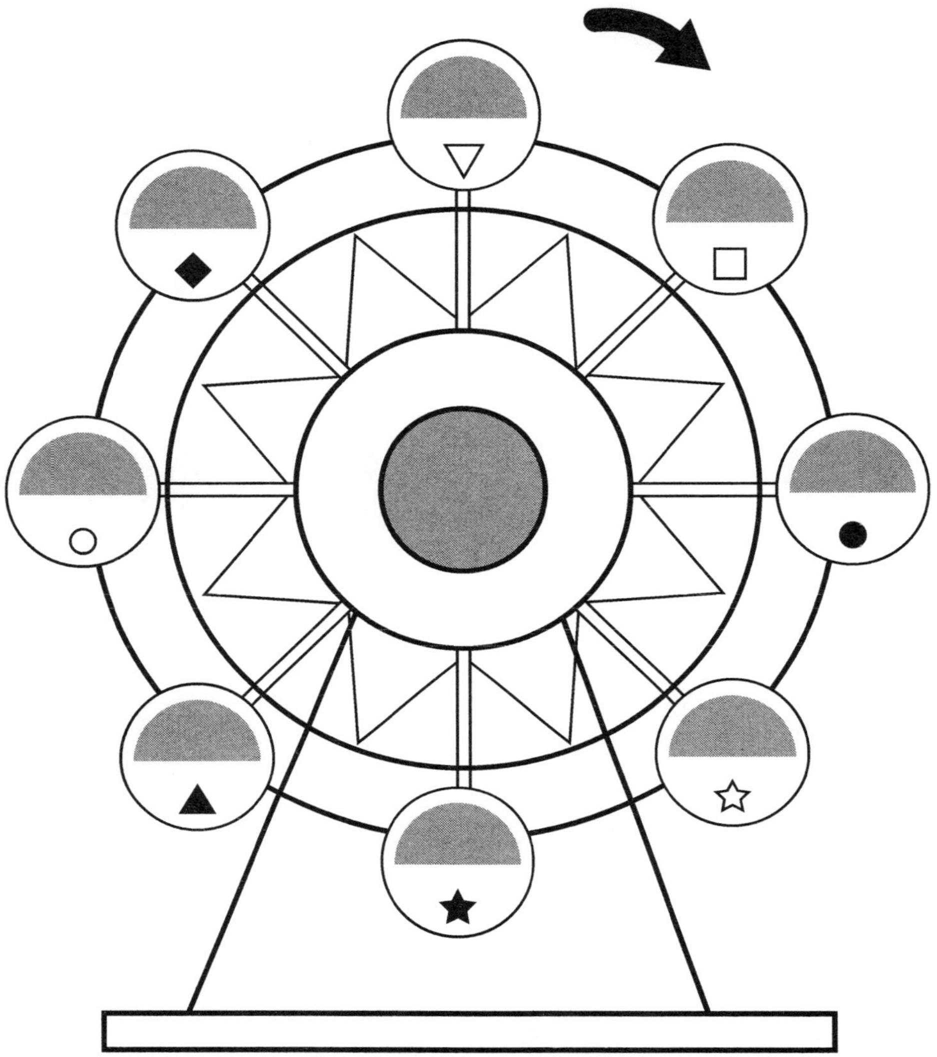

☆城星学園小学校

問題１３

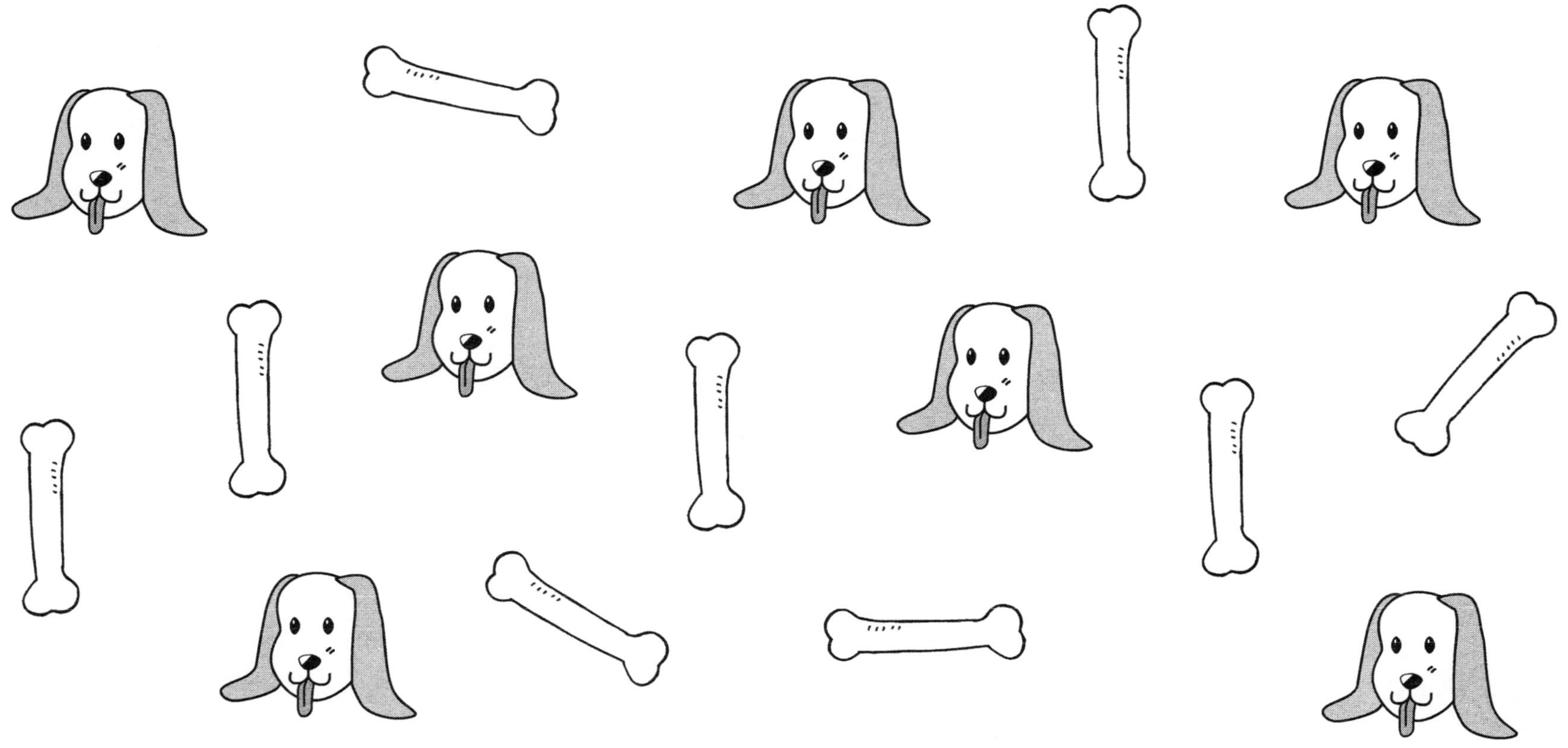

問題１４

①

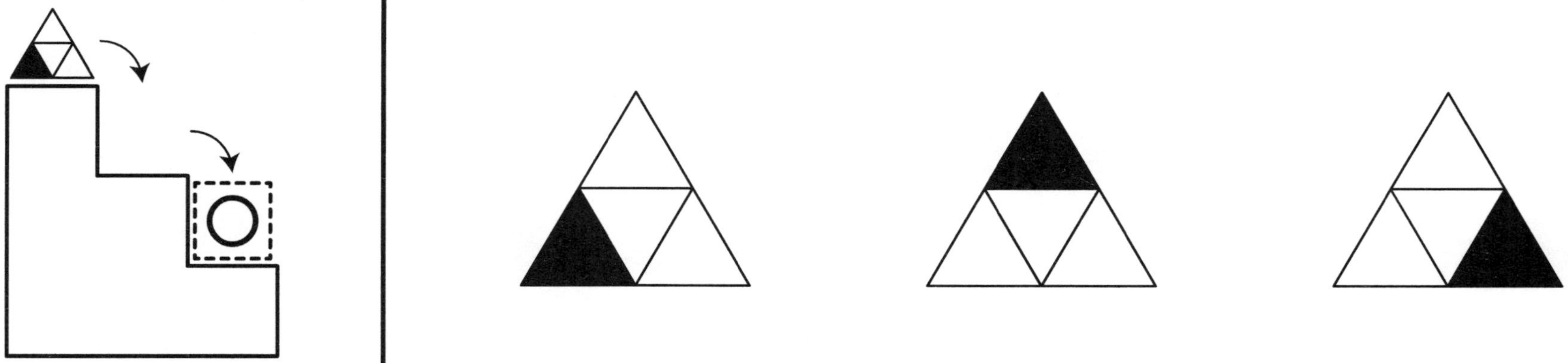

②

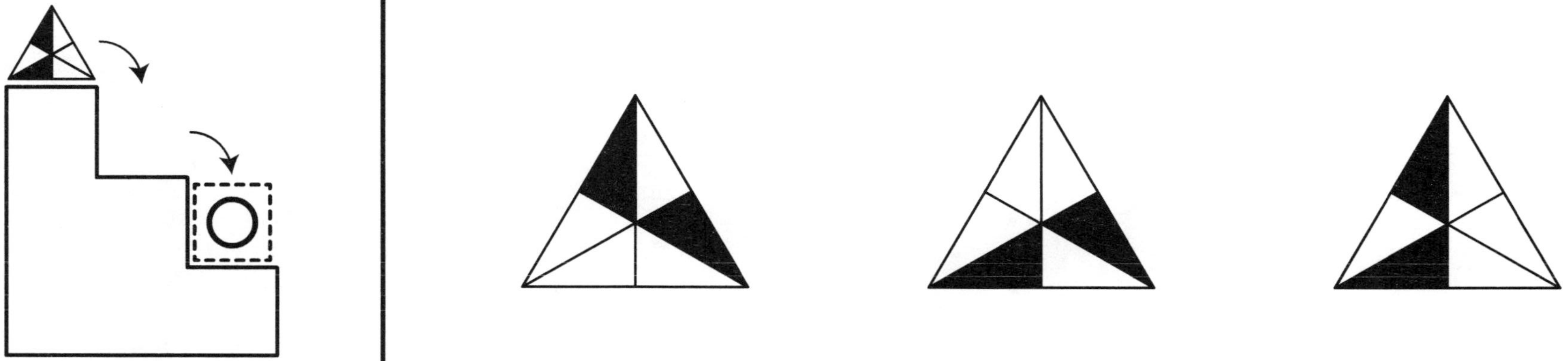

③

問題１５

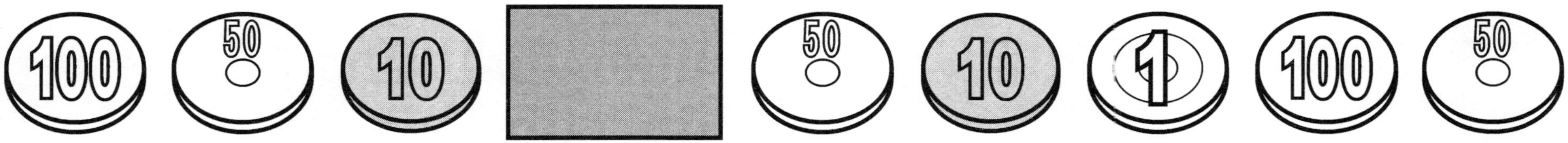

問題16

①

②

③

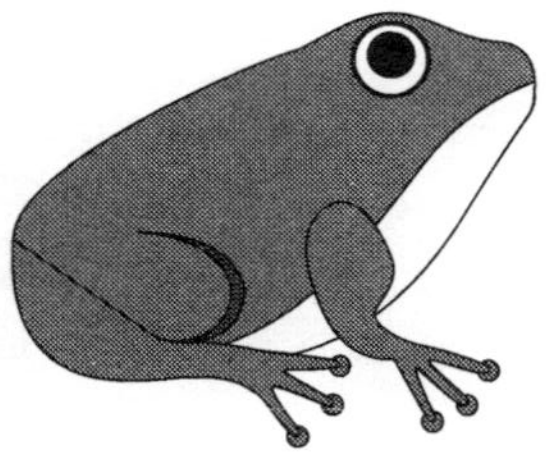

問題１７

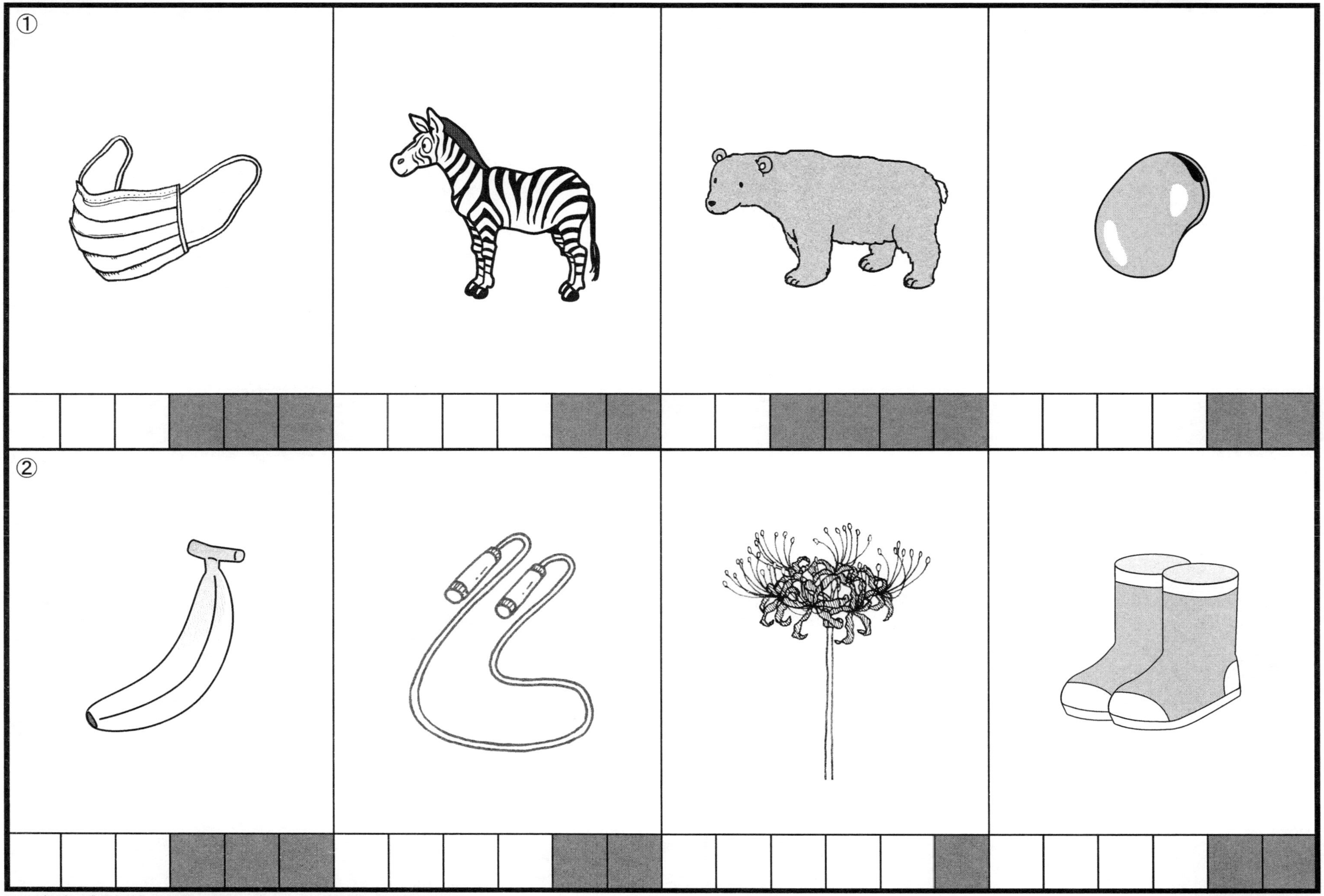

問題１８

問題１９

日本学習図書株式会社

☆城星学園小学校

2025 年度 城星学園・帝塚山学院 過去 無断複製／転載を禁ずる 日本学習図書株式会社

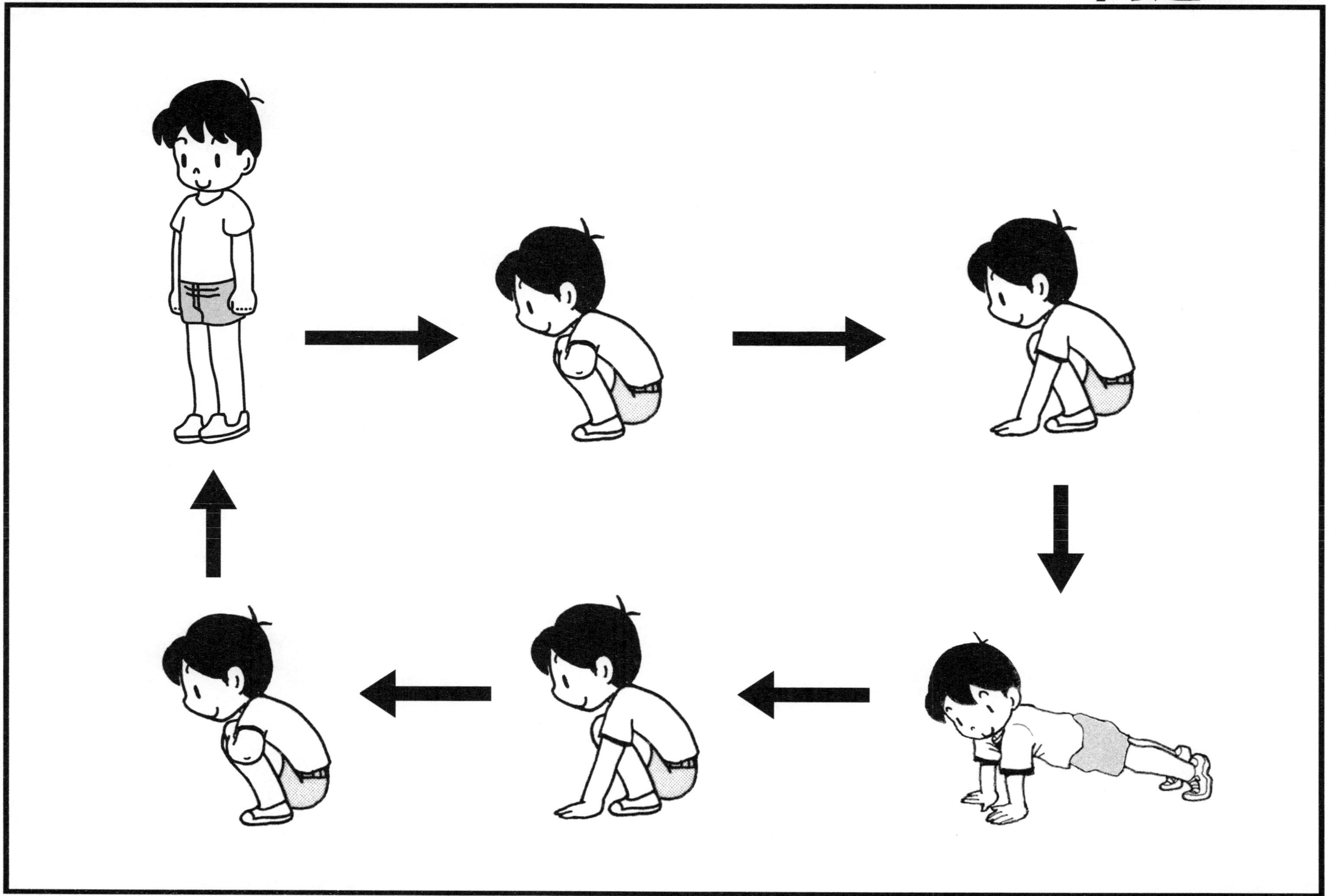

☆帝塚山学院小学校

問題２２－１

①

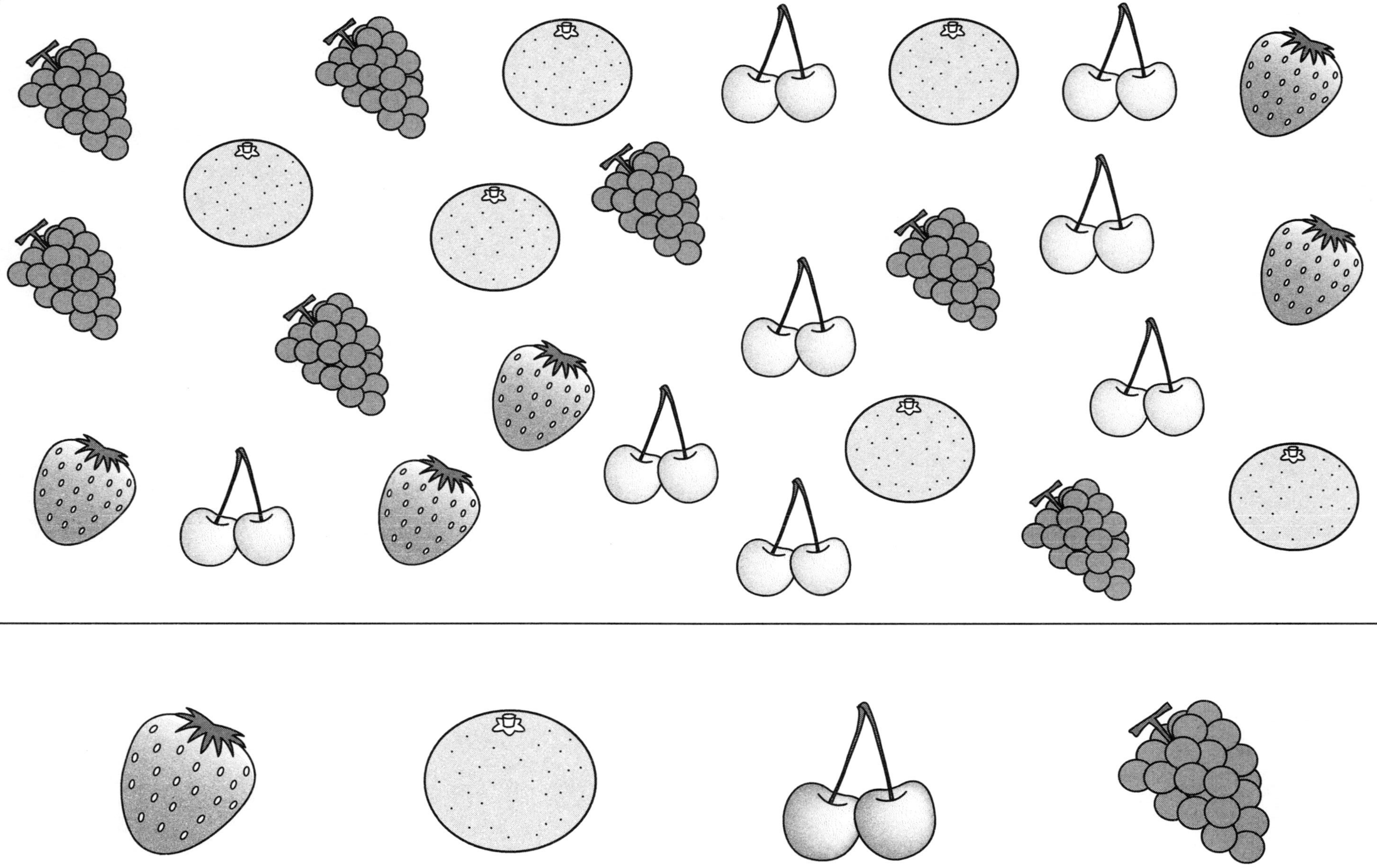

②

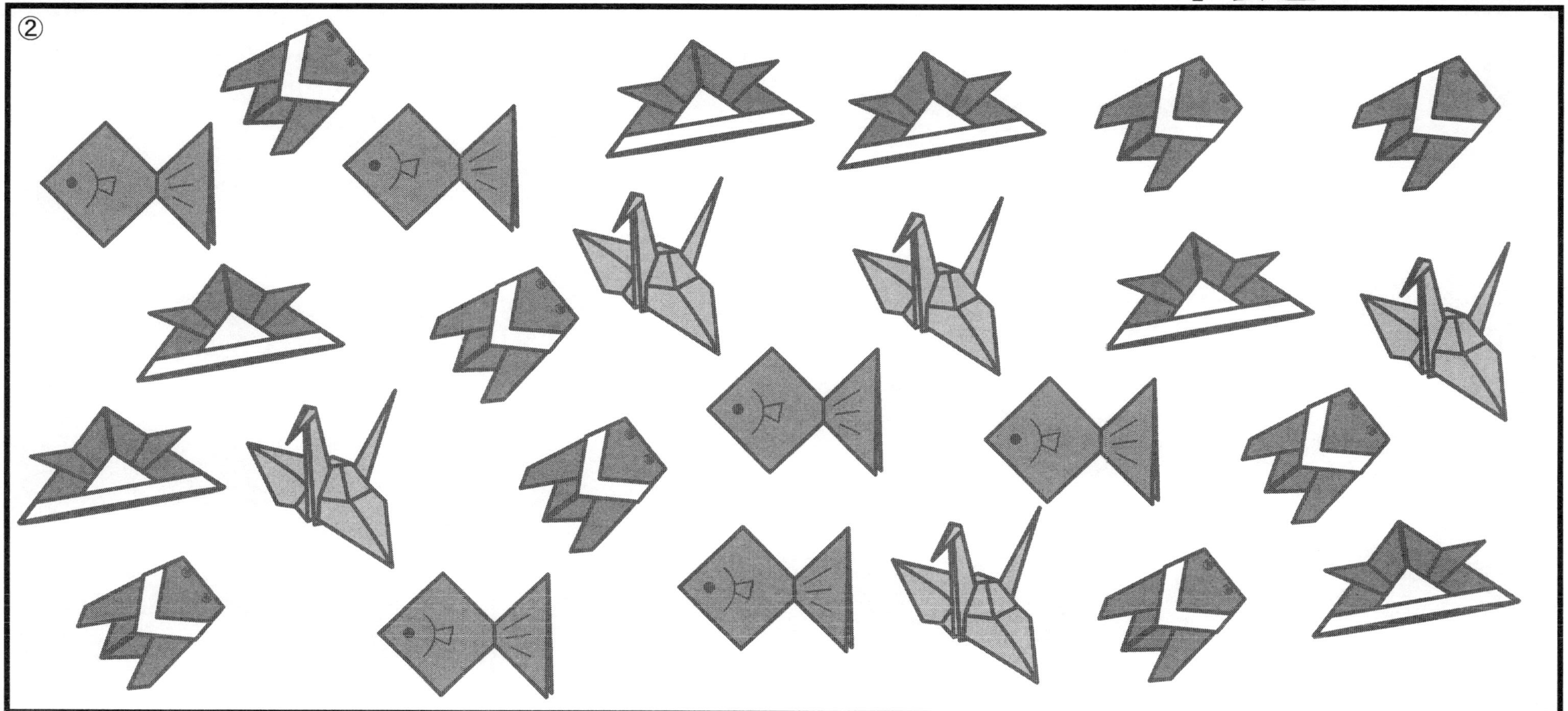

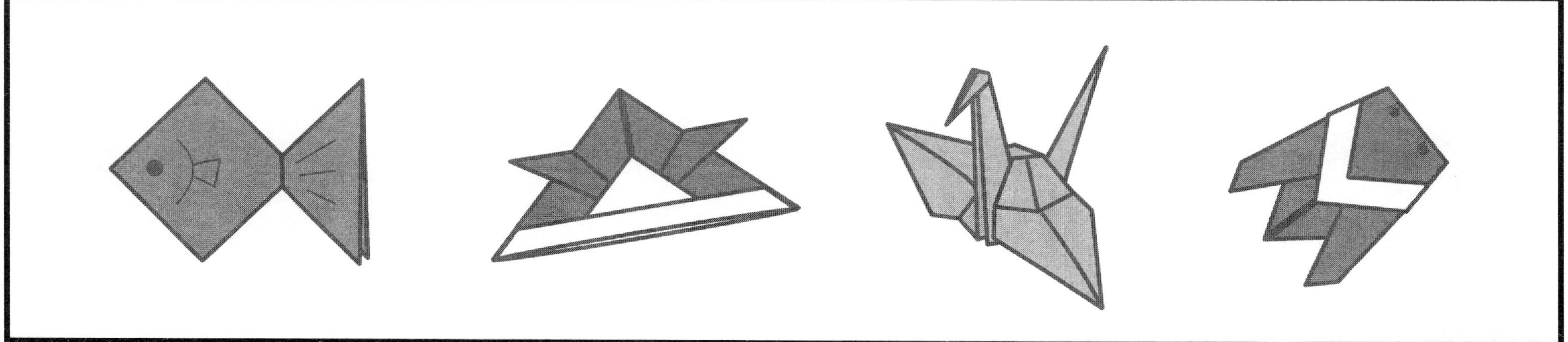

問題22－3

③

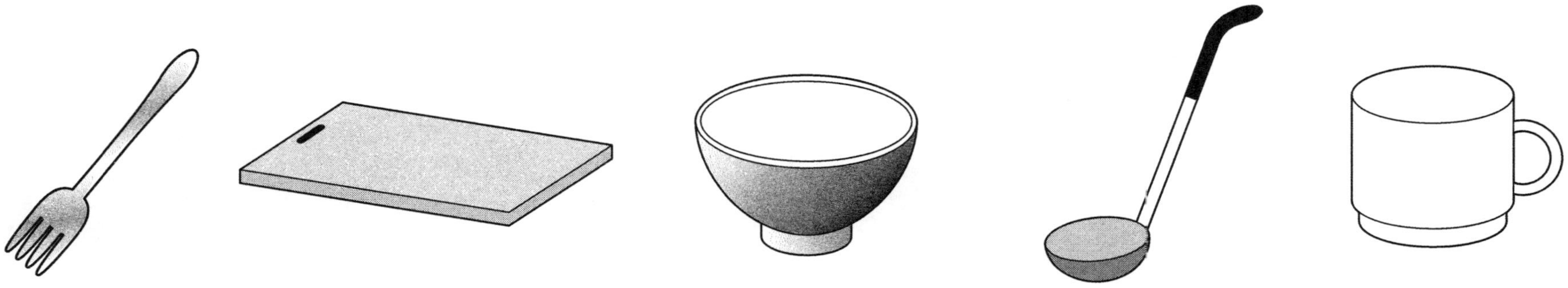

問題２３

①

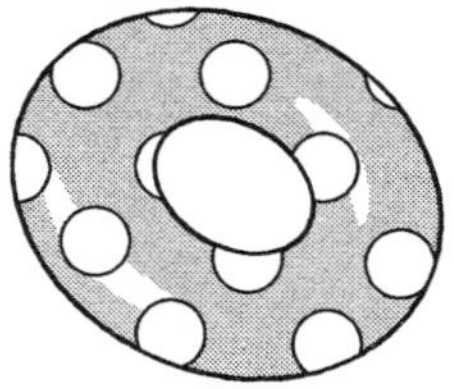

②

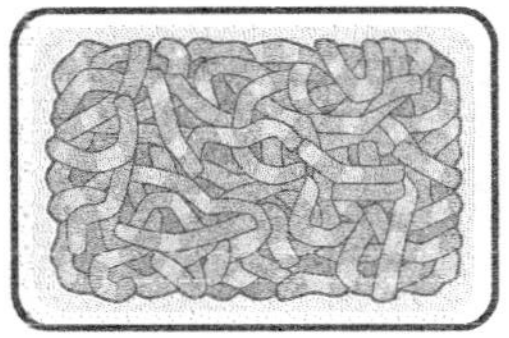

③

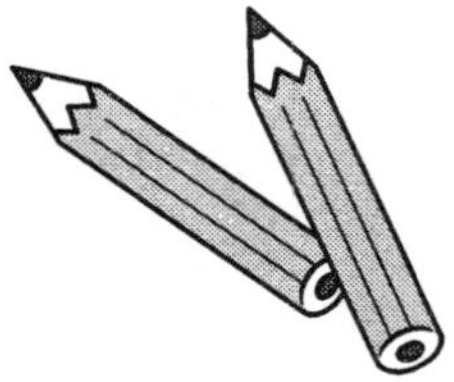

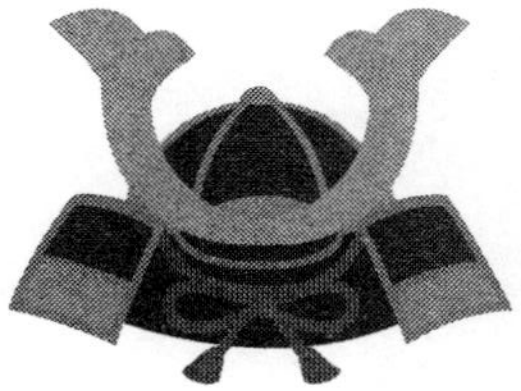

①

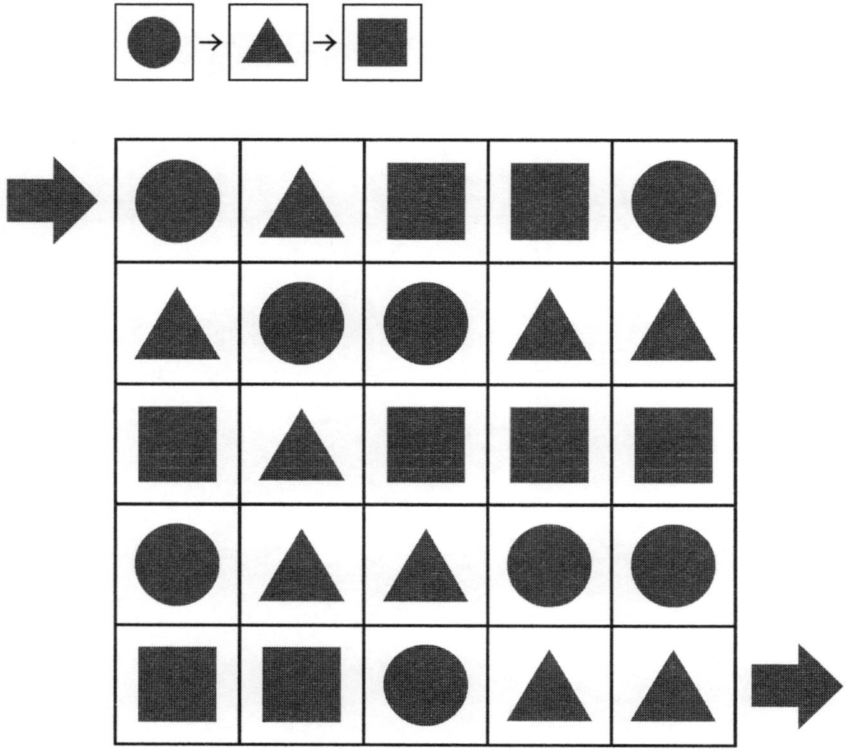

②

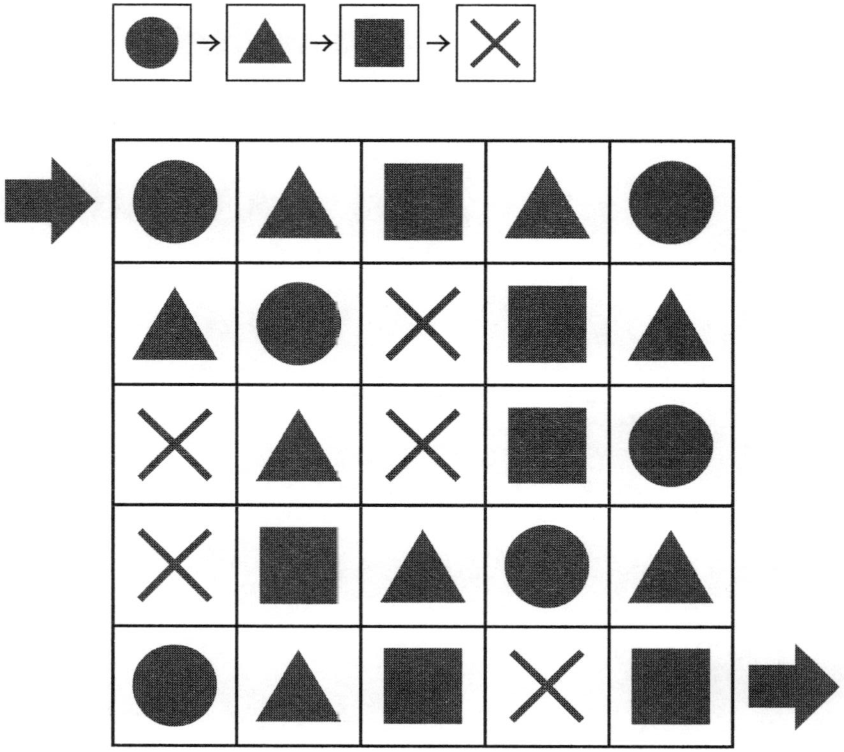

問題２５

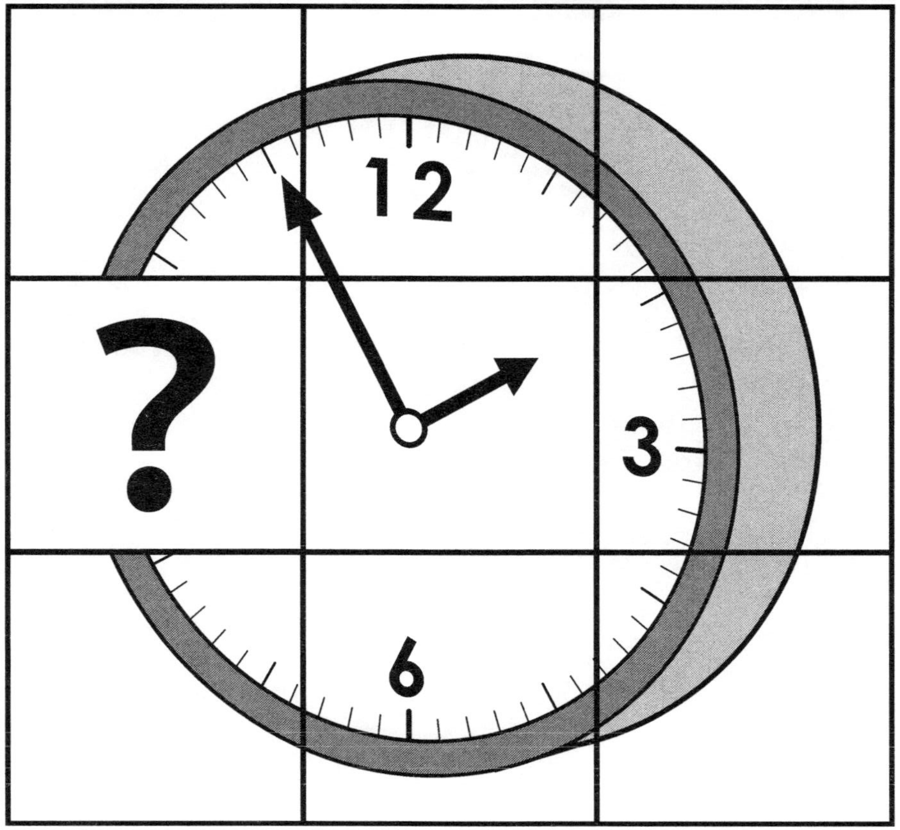

☆帝塚山学院小学校

2025年度 城星学園・帝塚山学院 過去　無断複製／転載を禁ずる　　　　日本学習図書株式会社

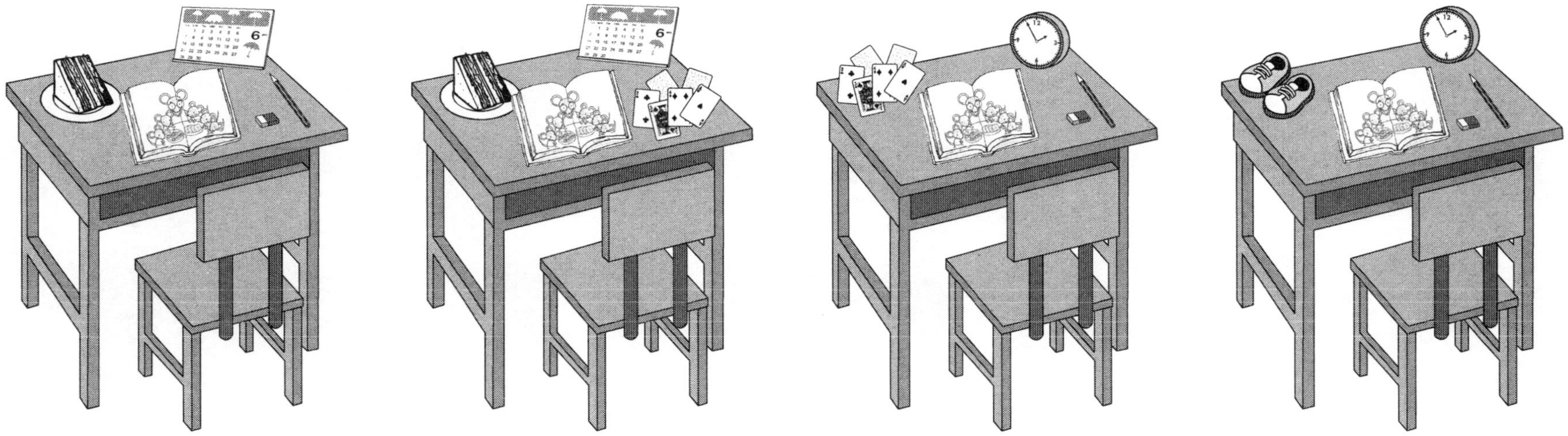

☆帝塚山学院小学校

問題２７

①

②

③

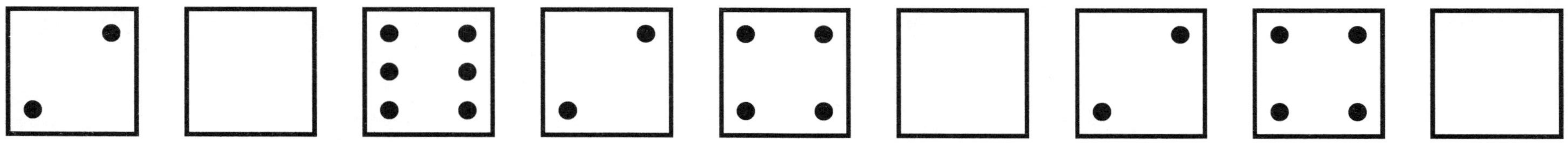

☆帝塚山学院小学校

問題３３

①

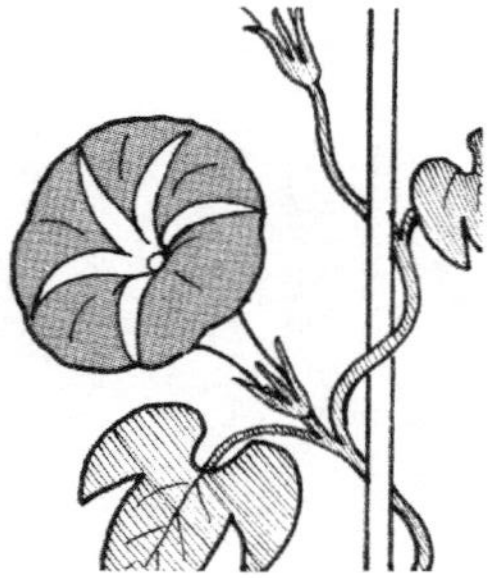

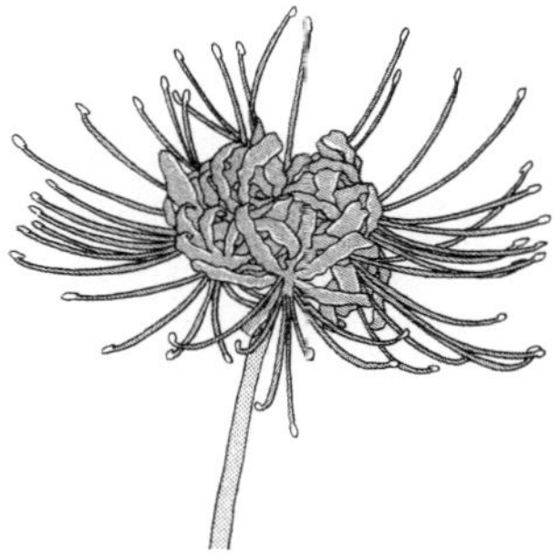

②

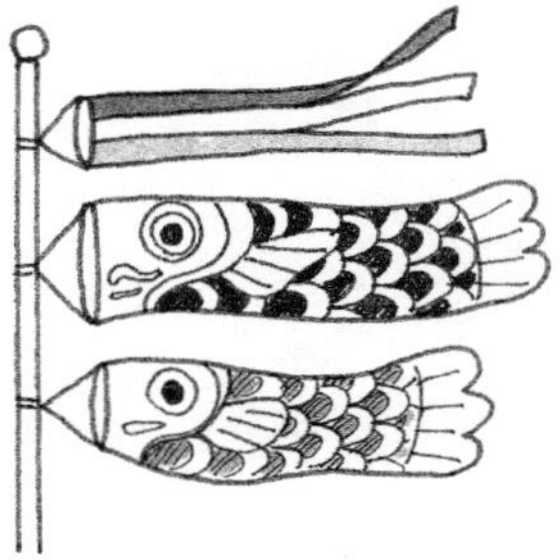

問題34

☆帝塚山学院小学校

①

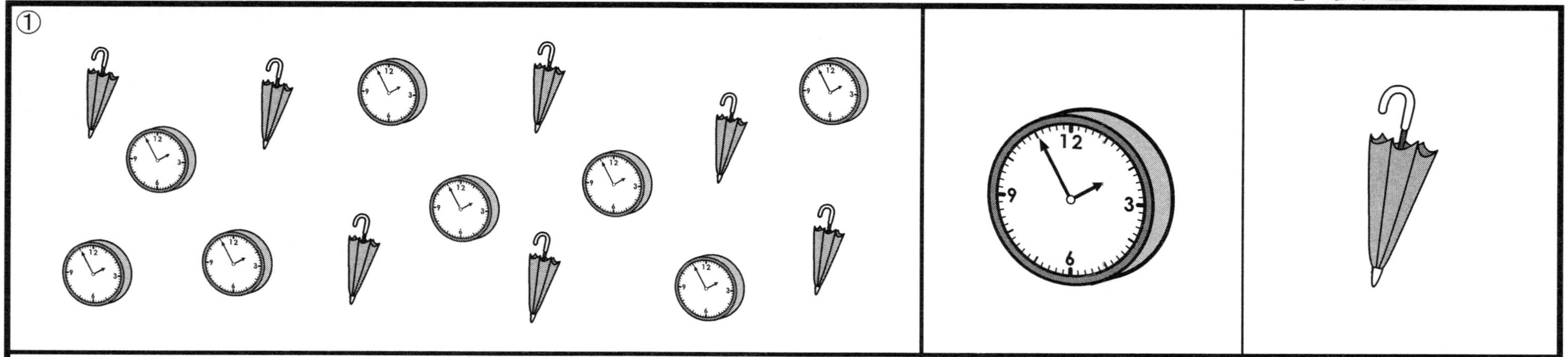

②

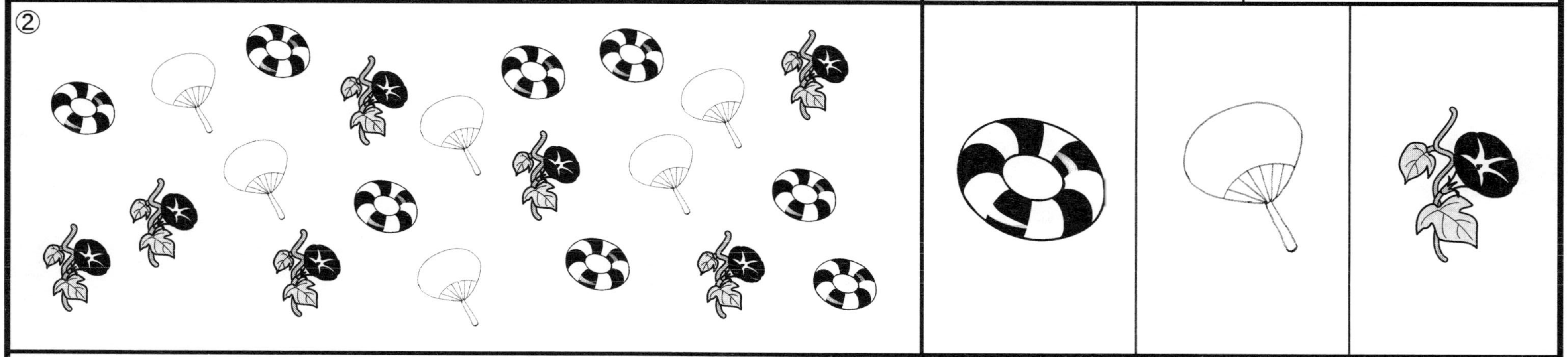

③

☆帝塚山学院小学校

問題３５

☆帝塚山学院小学校

問題３６

①

②

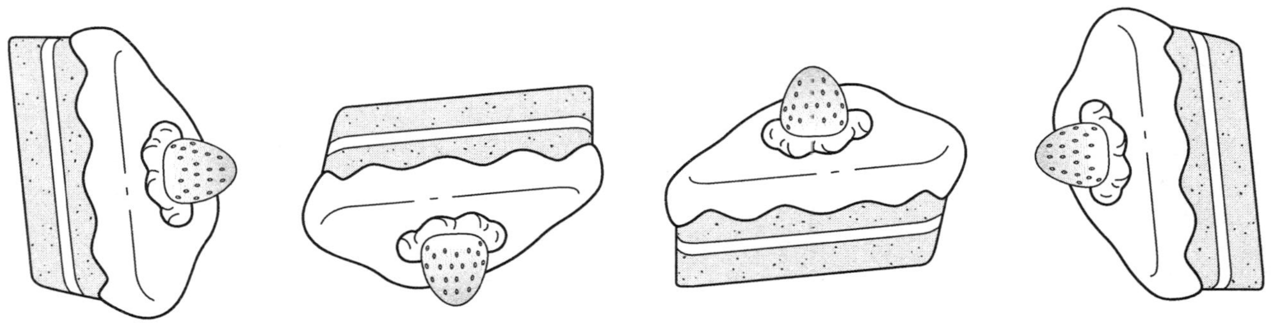

☆帝塚山学院小学校

2025 年度 城星学園・帝塚山学院 過去 無断複製／転載を禁ずる 日本学習図書株式会社

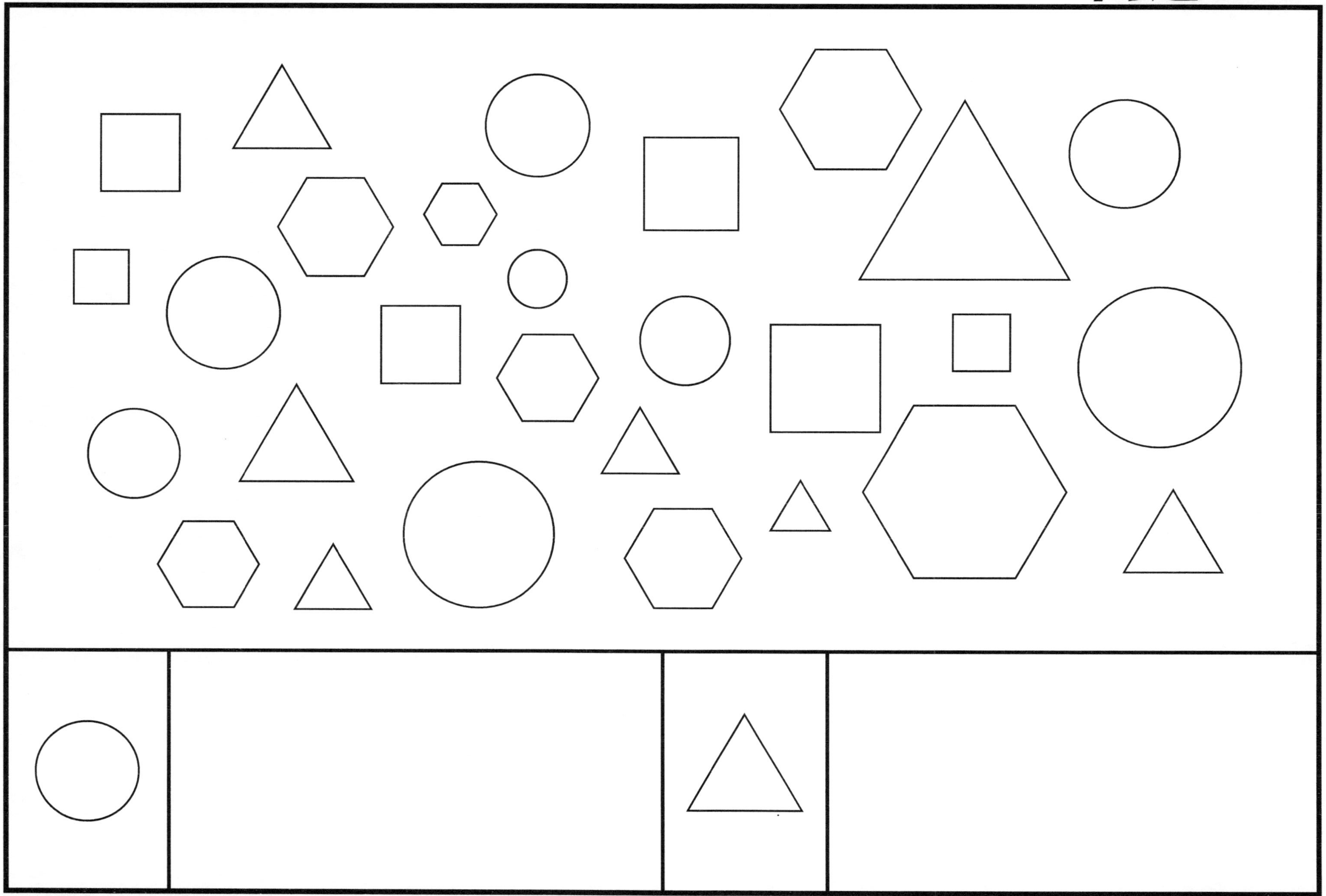

☆帝塚山学院小学校

問題３９

①

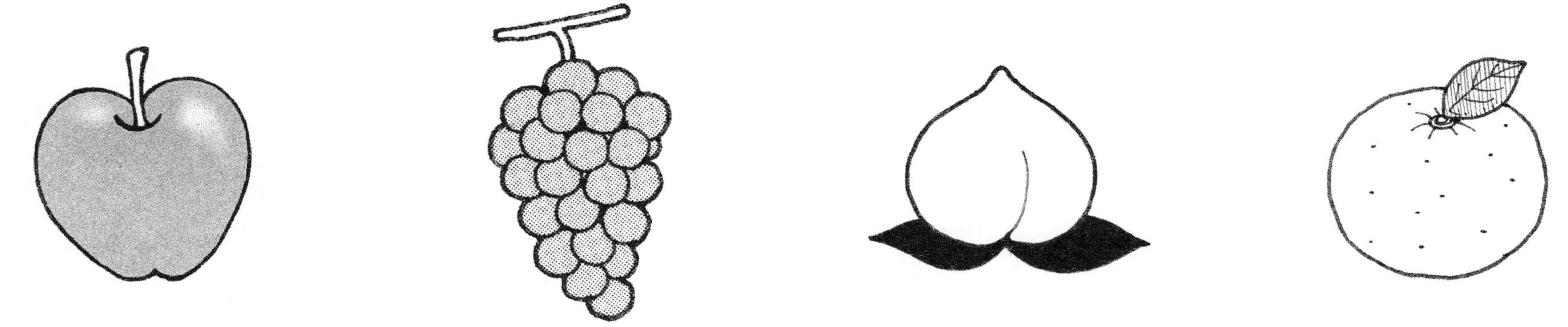

②

③

日本学習図書株式会社

問題４１－１

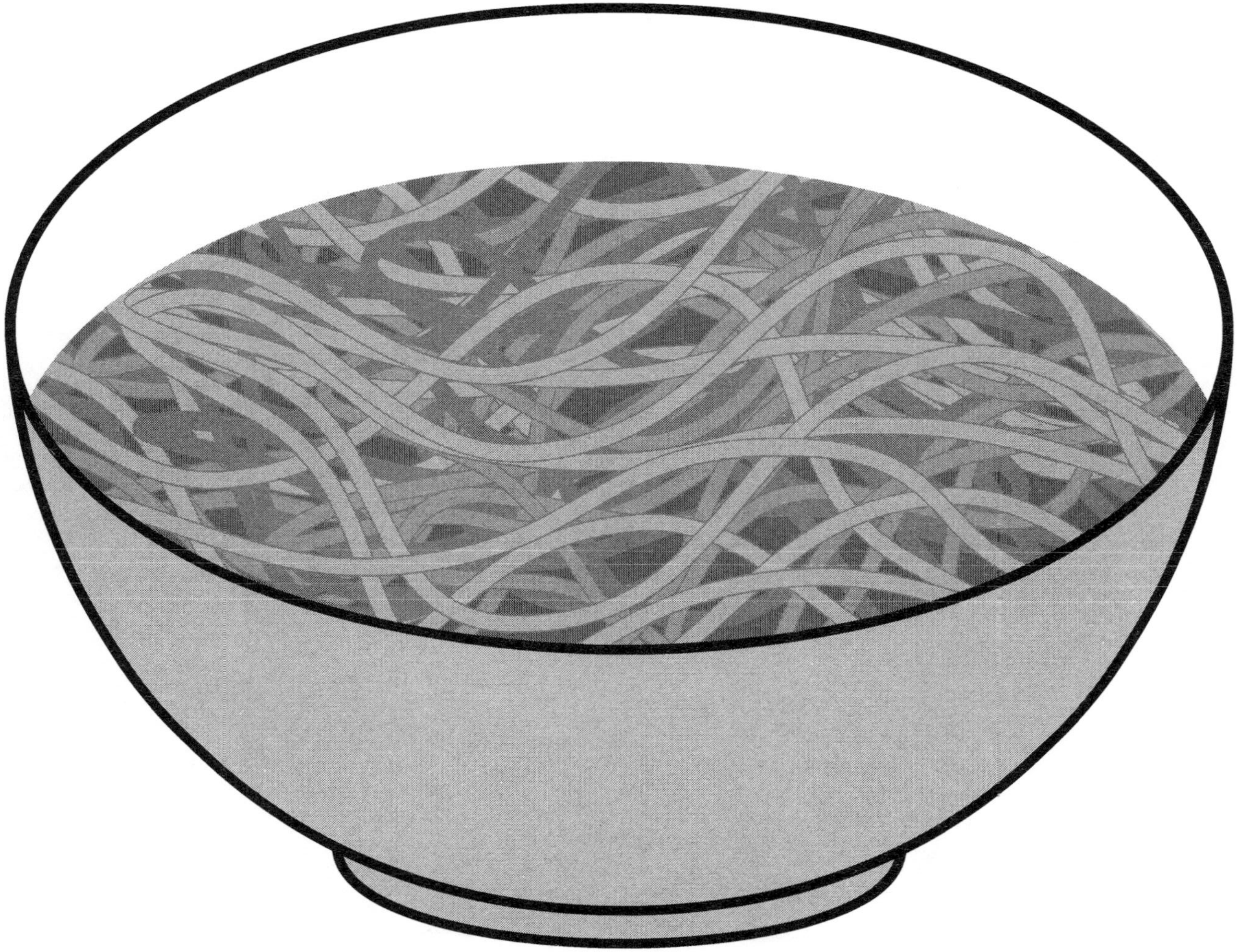

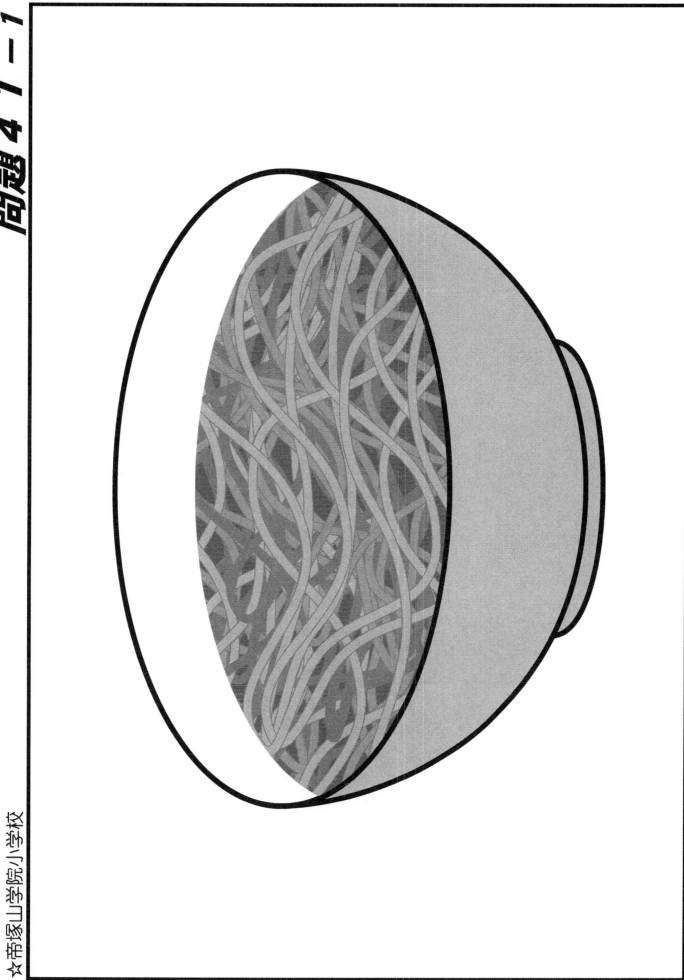

問題４１－２

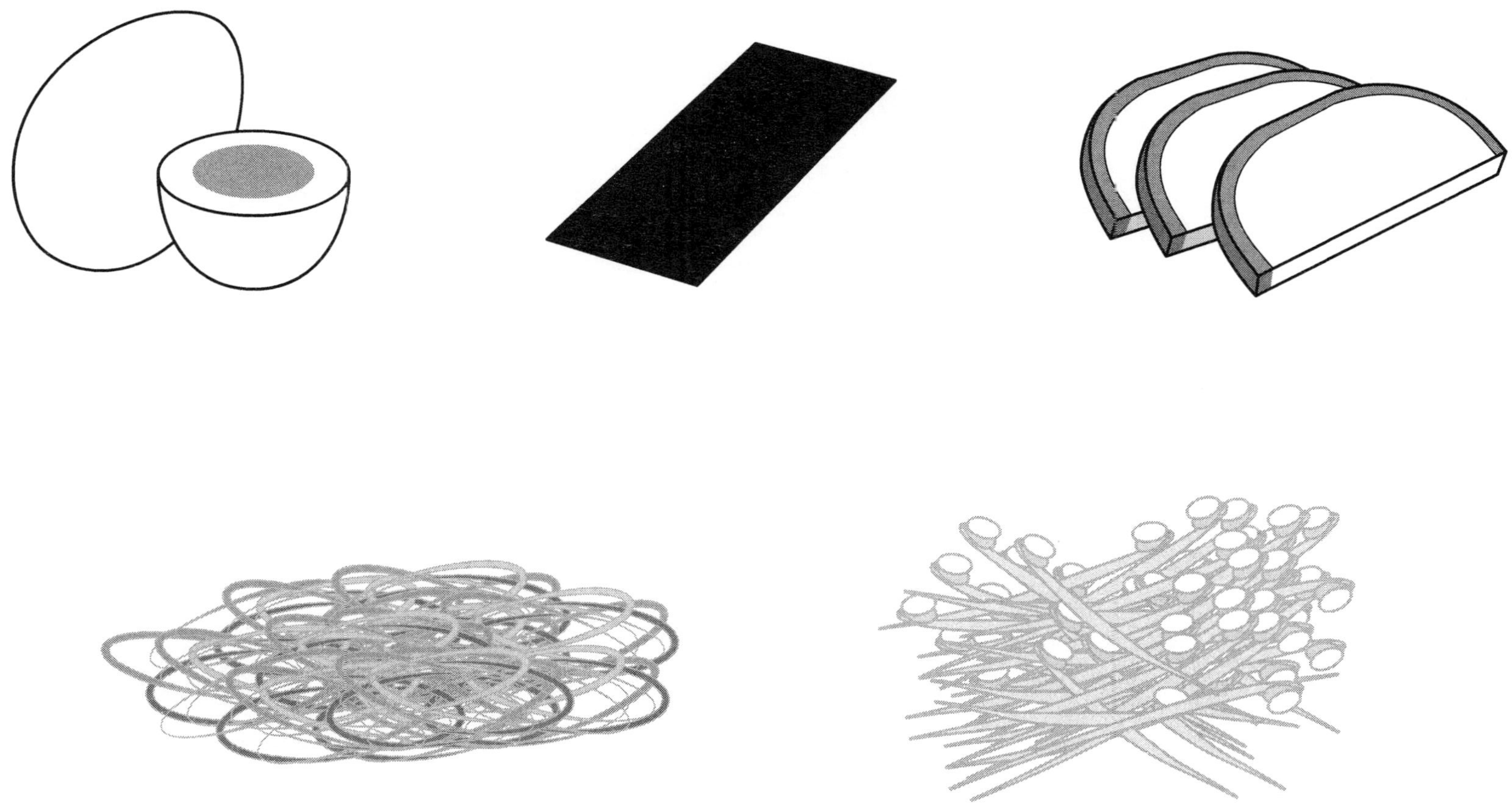

問題４２

問題43

城星学園小学校　専用注文書

年　　月　　日

合格のための問題集ベスト・セレクション

＊入試頻出分野ベスト３

1st　お話の記憶

集中力　聞く力

2nd　図　形

観察力　思考力

3rd　推　理

観察力　思考力　創造力

近畿圏では応募者数の増加が目立つ、人気の小学校です。入試内容は基礎問題だけではなく、応用問題の出題も見られます。ハウ・ツーを覚えるのではなく、思考力を鍛えるような学習が必要でしょう。

分野	書　名	価格(税込)	注文	分野	書　名	価格(税込)	注文
推理	Ｊｒ・ウォッチャー６「系列」	1,650円	冊	数量	Ｊｒ・ウォッチャー38「たし算・ひき算１」	1,650円	冊
推理	Ｊｒ・ウォッチャー７「迷路」	1,650円	冊	数量	Ｊｒ・ウォッチャー41「数の構成」	1,650円	冊
言語	Ｊｒ・ウォッチャー17「言葉の音遊び」	1,650円	冊	図形	Ｊｒ・ウォッチャー46「回転図形」	1,650円	冊
言語	Ｊｒ・ウォッチャー18「いろいろな言葉」	1,650円	冊	推理	Ｊｒ・ウォッチャー50「観覧車」	1,650円	冊
記憶	Ｊｒ・ウォッチャー19「お話の記憶」	1,650円	冊	常識	Ｊｒ・ウォッチャー55「理科②」	1,650円	冊
記憶	Ｊｒ・ウォッチャー20「見る記憶・聴く記憶」	1,650円	冊	言語	Ｊｒ・ウォッチャー60「言葉の音（おん）」	1,650円	冊
巧緻性	Ｊｒ・ウォッチャー23「切る・塗る・貼る」	1,650円	冊		実践 ゆびさきトレーニング①②③	2,750円	各　冊
巧緻性	Ｊｒ・ウォッチャー25「生活巧緻性」	1,650円	冊		保護者のための入試面接最強マニュアル	2,200円	冊
常識	Ｊｒ・ウォッチャー27「理科」	1,650円	冊		面接テスト問題集	2,200円	冊
運動	Ｊｒ・ウォッチャー28「運動」	1,650円	冊		１話５分の読み聞かせお話集①②	1,980円	各　冊
行動観察	Ｊｒ・ウォッチャー29「行動観察」	1,650円	冊		お話の記憶 初級編	2,860円	冊
常識	Ｊｒ・ウォッチャー34「季節」	1,650円	冊		お話の記憶 中級編	2,200円	冊
図形	Ｊｒ・ウォッチャー35「重ね図形」	1,650円	冊		新 小学校面接　Q&A	2,860円	冊
数量	Ｊｒ・ウォッチャー37「選んで数える」	1,650円	冊				

合計	冊	円

（フリガナ） 氏　名	電　話 ＦＡＸ E-mail
住 所　〒　　　－	以前にご注文されたことはございますか。 有　・　無

★お近くの書店、または記載の電話・FAX・ホームページにてご注文をお受けしております。
　電話：03-5261-8951　FAX：03-5261-8953　代金は書籍合計金額＋送料がかかります。
　※なお、落丁・乱丁以外の理由による商品の返品・交換には応じかねます。
★ご記入頂いた個人に関する情報は、当社にて厳重に管理致します。なお、ご購入の商品発送の他に、当社発行の書籍案内、書籍に関する調査に使用させて頂く場合がございますので、予めご了承ください。

日本学習図書株式会社
https://www.nichigaku.jp

帝塚山学院小学校　専用注文書

年　　月　　日

合格のための問題集ベスト・セレクション

＊入試頻出分野ベスト３

1st　お話の記憶

集中力　聞く力

2nd　図　形

観察力　思考力

3rd　行動観察

聞く力　話す力　協調性

入試内容は基礎問題中心です。偏りはあまりないので各分野の基礎をまんべんなく学びましょう。行動観察は、内容が濃く、時間をかけて行われます。対策は過去問を中心に怠りなく行ってください。

分野	書　名	価格(税込)	注文	分野	書　名	価格(税込)	注文
推理	Ｊｒ・ウォッチャー７「迷路」	1,650円	冊	常識	Ｊｒ・ウォッチャー 56「マナーとルール」	1,650円	冊
記憶	Ｊｒ・ウォッチャー 19「お話の記憶」	1,650円	冊	言語	Ｊｒ・ウォッチャー 60「言葉の音（おん）」	1,650円	冊
記憶	Ｊｒ・ウォッチャー 20「見る記憶・聴く記憶」	1,650円	冊		お話の記憶 初級編	2,860円	冊
巧緻性	Ｊｒ・ウォッチャー 23「切る・貼る・塗る」	1,650円	冊		お話の記憶 中級編	2,200円	冊
巧緻性	Ｊｒ・ウォッチャー 24「絵画」	1,650円	冊		新 小学校面接　Q&A	2,860円	冊
巧緻性	Ｊｒ・ウォッチャー 25「生活巧緻性」	1,650円	冊		実践 ゆびさきトレーニング①②③	2,750円	各　冊
常識	Ｊｒ・ウォッチャー 27「理科」	1,650円	冊		１話５分の読み聞かせお話集①②	1,980円	各　冊
行動観察	Ｊｒ・ウォッチャー 29「行動観察」	1,650円	冊		保護者のための入試面接最強マニュアル	2,200円	冊
常識	Ｊｒ・ウォッチャー 30「生活習慣」	1,650円	冊				
推理	Ｊｒ・ウォッチャー 31「推理思考」	1,650円	冊				
常識	Ｊｒ・ウォッチャー 34「季節」	1,650円	冊				
数量	Ｊｒ・ウォッチャー 37「選んで数える」	1,650円	冊				
図形	Ｊｒ・ウォッチャー 46「回転図形」	1,650円	冊				
常識	Ｊｒ・ウォッチャー 55「理科②」	1,650円	冊				

合計	冊	円

（フリガナ） 氏　名	電　話 ＦＡＸ E-mail
住 所　〒　　　　－	以前にご注文されたことはございますか。 有　・　無

★お近くの書店、または記載の電話・FAX・ホームページにてご注文をお受けしております。
電話：03-5261-8951　FAX：03-5261-8953　代金は書籍合計金額＋送料がかかります。
※なお、落丁・乱丁以外の理由による商品の返品・交換には応じかねます。

★ご記入頂いた個人に関する情報は、当社にて厳重に管理致します。なお、ご購入の商品発送の他に、当社発行の書籍案内、書籍に関する調査に使用させて頂く場合がございますので、予めご了承ください。

日本学習図書株式会社
https://www.nichigaku.jp

図書カード 1000 円分プレゼント

ご記入日　　年　月　日

☆国・私立小学校受験アンケート☆

※可能な範囲でご記入下さい。選択肢は○で囲んで下さい。

〈小学校名〉＿＿＿＿＿＿＿＿　〈お子さまの性別〉男・女　〈誕生月〉＿＿月

〈その他の受験校〉（複数回答可）＿＿＿＿＿＿＿＿

〈受験日〉①：＿月＿日〈時間〉＿時＿分　～　＿時＿分

②：＿月＿日〈時間〉＿時＿分　～　＿時＿分

〈受験者数〉　男女計＿名　（男子＿名　女子＿名）

〈お子さまの服装〉＿＿＿＿＿＿＿＿

〈入試全体の流れ〉（記入例）準備体操→行動観察→ペーパーテスト

＿＿＿＿＿＿＿＿

Eメールによる情報提供

日本学習図書では、Eメールでも入試情報を募集しております。

下記のアドレスに、アンケートの内容をご入力の上、メールをお送り下さい。

ojuken@nichigaku.jp

●行動観察　（例）好きなおもちゃで遊ぶ・グループで協力するゲームなど

〈実施日〉＿月＿日〈時間〉＿時＿分　～　＿時＿分〈着替え〉□有　□無

〈出題方法〉　□肉声　□録音　□その他（　　　　）〈お手本〉□有　□無

〈試験形態〉　□個別　□集団（　　人程度）　〈会場図〉

〈内容〉

□自由遊び

＿＿＿＿＿＿＿＿

□グループ活動

＿＿＿＿＿＿＿＿

□その他

＿＿＿＿＿＿＿＿

●運動テスト（有・無）　（例）跳び箱・チームでの競争など

〈実施日〉＿月＿日〈時間〉＿時＿分　～　＿時＿分〈着替え〉□有　□無

〈出題方法〉　□肉声　□録音　□その他（　　　　）〈お手本〉□有　□無

〈試験形態〉　□個別　□集団（　　人程度）　〈会場図〉

〈内容〉

□サーキット運動

□走り　□跳び箱　□平均台　□ゴム跳び

□マット運動　□ボール運動　□なわ跳び

□クマ歩き

□グループ活動＿＿＿＿＿＿＿＿

□その他＿＿＿＿＿＿＿＿

●知能テスト・口頭試問

〈実施日〉 ＿＿月＿＿日 〈時間〉 ＿＿時＿＿分 ～ ＿＿時＿＿分 〈お手本〉□有 □無

〈出題方法〉 □肉声 □録音 □その他（　　　　） 〈問題数〉 ＿＿枚 ＿＿問

分野	方法	内　容	詳　細・イ　ラ　ス　ト
（例） お話の記憶	☑筆記 □口頭	動物たちが待ち合わせをする話	（あらすじ） 動物たちが待ち合わせをした。最初にウサギさんが来た。次にイヌくんが、その次にネコさんが来た。最後にタヌキくんが来た。 （問題・イラスト）  ３番目に来た動物は誰か
お話の記憶	□筆記 □口頭		（あらすじ） （問題・イラスト）
図形	□筆記 □口頭		
言語	□筆記 □口頭		
常識	□筆記 □口頭		
数量	□筆記 □口頭		
推理	□筆記 □口頭		
その他	□筆記 □口頭		

●制作　（例）ぬり絵・お絵かき・工作遊びなど

〈実施日〉＿＿月＿＿日〈時間〉＿＿時＿＿分　～　＿＿時＿＿分

〈出題方法〉 □肉声 □録音 □その他（　　　　　　） 〈お手本〉 □有 □無

〈試験形態〉 □個別 □集団（　　　人程度）

材料・道具	制作内容
□ハサミ	□切る　□貼る　□塗る　□ちぎる　□結ぶ　□描く　□その他（　　　　　　　　　　　　）
□のり（□つぼ □液体 □スティック）	タイトル：＿＿＿＿＿＿＿＿＿＿＿＿＿＿＿＿
□セロハンテープ	
□鉛筆 □クレヨン（　色）	
□クーピーペン（　色）	
□サインペン（　色）□	
□画用紙（□ A4 □ B4 □ A3	
□その他：　　　　　　）	
□折り紙 □新聞紙 □粘土	
□その他（　　　　　　　　）	

●面接

〈実施日〉＿＿月＿＿日〈時間〉＿＿時＿＿分　～　＿＿時＿＿分〈面接担当者〉＿＿＿名

〈試験形態〉□志願者のみ（　　）名 □保護者のみ □親子同時 □親子別々

〈質問内容〉

□志望動機　□お子さまの様子

□家庭の教育方針

□志望校についての知識・理解

□その他（　　　　　　　　　　）

（詳　細）

・

・

・

・

※試験会場の様子をご記入下さい。

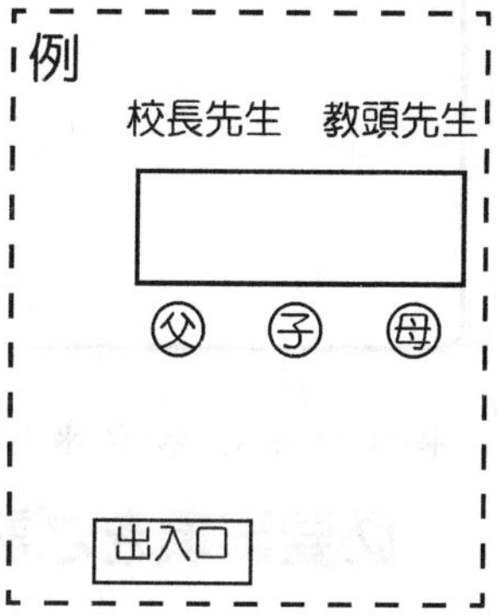

●保護者作文・アンケートの提出（有・無）

〈提出日〉 □面接直前　□出願時　□志願者考査中　□その他（　　　　　　　　　　）

〈下書き〉 □有　□無

〈アンケート内容〉

（記入例）当校を志望した理由はなんですか（150 字）

●説明会（□有　□無）〈開催日〉＿＿月＿＿日〈時間〉＿＿時＿＿分　～　＿＿時＿＿分
〈上履き〉　□要　□不要　〈願書配布〉　□有　□無　〈校舎見学〉　□有　□無
〈ご感想〉

●参加された学校行事 (複数回答可)
公開授業〈開催日〉＿＿月＿＿日〈時間〉＿＿時＿＿分　～　＿＿時＿＿分
運動会など〈開催日〉＿＿月＿＿日〈時間〉＿＿時＿＿分　～　＿＿時＿＿分
学習発表会・音楽会など〈開催日〉＿＿月＿＿日〈時間〉＿＿時＿＿分　～　＿＿時＿＿分
〈ご感想〉
※是非参加したほうがよいと感じた行事について

●受験を終えてのご感想、今後受験される方へのアドバイス
※対策学習（重点的に学習しておいた方がよい分野）、当日準備しておいたほうがよい物など

＊＊＊＊＊＊＊＊＊＊＊＊＊　ご記入ありがとうございました　＊＊＊＊＊＊＊＊＊＊＊＊＊

必要事項をご記入の上、ポストにご投函ください。

なお、本アンケートの送付期限は入試終了後３ヶ月とさせていただきます。また、入試に関する情報の記入量が当社の基準に満たない場合、謝礼の送付ができないことがございます。あらかじめご了承ください。

ご住所：〒＿＿＿＿＿＿＿＿＿＿＿＿＿＿＿＿

お名前：＿＿＿＿＿＿＿＿＿＿　メール：＿＿＿＿＿＿＿＿＿＿

ＴＥＬ：＿＿＿＿＿＿＿＿＿＿　ＦＡＸ：＿＿＿＿＿＿＿＿＿＿

アンケートのご記入ありがとうございました

ご記入頂いた個人に関する情報は、当社にて厳重に管理致します。弊社の個人情報取り扱いに関する詳細は、www.nichigaku.jp/policy.php の「個人情報の取り扱い」をご覧下さい。

分野別 小学入試練習帳 ジュニアウォッチャー

1．点・線図形	小学校入試で出題頻度の高い『点・線図形』の模写を、難易度の低いものから段階別に幅広く練習することができるように構成。
2．座標	図形の位置模写という作業を、難易度の低いものから段階別に練習できるように構成。
3．パズル	様々なパズルの問題を難易度の低いものから段階別に練習できるように構成。
4．同図形探し	小学校入試で出題頻度の高い、同図形選びの問題を繰り返し練習できるように構成。
5．回転・展開	図形などを回転、または展開したとき、形がどのように変化するかを学習し、理解を深められるように構成。
6．系列	数、図形などの様々な系列問題を、難易度の低いものから段階別に練習できるように構成。
7．迷路	迷路の問題を繰り返し練習できるように構成。
8．対称	対称に関する問題を４つのテーマに分類し、各テーマごとに問題を段階別に練習できるように構成。
9．合成	図形の合成に関する問題を、難易度の低いものから段階別に練習できるように構成。
10．四方からの観察	もの（立体）を様々な角度から見て、どのように見えるかを推理する問題を段階別に整理し、１つの形式で複数の問題を練習できるように構成。
11．いろいろな仲間	ものや動物、植物の共通点を見つけ、分類していく問題を中心に構成。
12．日常生活	日常生活における様々な問題を６つのテーマに分類し、各テーマごとに一つの問題形式で複数の問題を練習できるように構成。
13．時間の流れ	『時間』に着目し、様々なものごとは、時間が経過するとどのように変化するのかということを学習し、理解できるように構成。
14．数える	様々なものを『数える』ことから、数の多少の判定やかけ算、わり算の基礎までを練習できるように構成。
15．比較	比較に関する問題を５つのテーマ（数、高さ、長さ、量、重さ）に分類し、各テーマごとに問題を段階別に練習できるように構成。
16．積み木	数える対象を積み木に限定した問題集。
17．言葉の音遊び	言葉の音に関する問題を５つのテーマに分類し、各テーマごとに問題を段階別に練習できるように構成。
18．いろいろな言葉	表現力をより豊かにするいろいろな言葉として、擬態語や擬声語、同音異義語、反意語、数詞を取り上げた問題集。
19．お話の記憶	お話を聴いてその内容を記憶、理解し、設問に答える形式の問題集。
20．見る記憶・聴く記憶	「見て憶える」「聴いて憶える」という『記憶』分野に特化した問題集。
21．お話作り	いくつかの絵を元にしてお話を作る練習をして、想像力を養うことができるように構成。
22．想像画	描かれてある形や景色に好きな絵を描くことにより、想像力を養うことができるように構成。
23．切る・貼る・塗る	小学校入試で出題頻度の高い、はさみやのりなどを用いた巧緻性の問題を繰り返し練習できるように構成。
24・絵画	小学校入試で出題頻度の高い、お絵かきやぬり絵などクレヨンやクーピーペンを用いた巧緻性の問題を繰り返し練習できるように構成。
25．生活巧緻性	小学校入試で出題頻度の高い日常生活の様々な場面における巧緻性の問題集。
26．文字・数字	ひらがなの清音、濁音、拗音、拗長音、促音と１～20までの数字に焦点を絞り、練習できるように構成。
27．理科	小学校入試で出題頻度が高くなりつつある理科の問題を集めた問題集。
28．運動	出題頻度の高い運動問題を種目別に分けて構成。
29．行動観察	項目ごとに問題提起をし、「このような時はどうか、あるいはどう対処するのか」の観点から問いかける形式の問題集。
30．生活習慣	学校から家庭に提起された問題と思って、一問一問絵を見ながら話し合い、考える形式の問題集。

31．推理思考	数、量、言語、常識（含理科、一般）など、諸々のジャンルから問題を構成し、近年の小学校入試問題傾向に沿って構成。
32．ブラックボックス	箱や筒の中を通ると、どのようなお約束でどのように変化するかを推理・思考する問題集。
33．シーソー	重さの違うものをシーソーに乗せた時どちらに傾くのか、またどうすればシーソーは釣り合うのかを思考する基礎的な問題集。
34．季節	様々な行事や植物などを季節別に分類できるように知識をつける問題集。
35．重ね図形	小学校入試で頻繁に出題されている「図形を重ね合わせてできる形」についての問題を集めました。
36．同数発見	様々な物を数え「同じ数」を発見し、数の多少の判断や数の認識の基礎を学べるように構成した問題集。
37．選んで数える	数の学習の基本となる、いろいろなものの数を正しく数える学習を行う問題集。
38．たし算・ひき算１	数字を使わず、たし算とひき算の基礎を身につけるための問題集。
39．たし算・ひき算２	数字を使わず、たし算とひき算の基礎を身につけるための問題集。
40．数を分ける	数を等しく分ける問題です。等しく分けたときに余りが出るものもあります。
41．数の構成	ある数がどのような数で構成されているか学んでいきます。
42．一対多の対応	一対一の対応から、一対多の対応まで、かけ算の考え方の基礎学習を行います。
43．数のやりとり	あげたり、もらったり、数の変化をしっかりと学びます。
44．見えない数	指定された条件から数を導き出します。
45．図形分割	図形の分割に関する問題集。パズルや合成の分野にも通じる様々な問題を集めました。
46．回転図形	「回転図形」に関する問題集。やさしい問題から始め、いくつかの代表的なパターンから、段階を踏んで学習できるよう編集されています。
47．座標の移動	「マス目の指示通りに移動する問題」と「指示された数だけ移動する問題」を収録。
48．鏡図形	鏡で左右反転させた時の見え方を考えます。平面図形から立体図形、文字、絵まで。
49．しりとり	すべての学習の基礎となる「言葉」を学ぶこと、特に「語彙」を増やすことに重点をおき、さまざまなタイプの「しりとり」問題を集めました。
50．観覧車	観覧車やメリーゴーラウンドなどを舞台にした「回転系列」の問題集。「推理思考」分野の問題ですが、要素として「図形」や「数量」も含みます。
51．運筆①	鉛筆の持ち方を学び、点線なぞり、お手本を見ながらの模写で、線を引く練習をします。
52．運筆②	運筆①からさらに発展し、「欠所補完」や「迷路」などを楽しみながら、より複雑な鉛筆運びを習得することを目指します。
53．四方からの観察 積み木編	積み木を使用した「四方からの観察」に関する問題を練習できるように構成。
54．図形の構成	見本の図形がどのような部分によって形づくられているかを考えます。
55．理科②	理科的知識に関する問題を集中して練習する「常識」分野の問題集。
56．マナーとルール	道路や駅、公共の場でのマナー、安全や衛生に関する常識を学べるように構成。
57．置き換え	さまざまな具体的・抽象的事象を記号で表す「置き換え」の問題を扱います。
58．比較②	長さ・高さ・体積・数などを数学的な知識を使わず、論理的に推測する「比較」の問題を練習できるように構成。
59．欠所補完	線と線のつながり、欠けた絵に当てはまるものなどを求める「欠所補完」に取り組める問題集です。
60．言葉の音（おん）	しりとり、決まった順番の音をつなげるなど、「言葉の音」に関する問題に取り組める練習問題集です。

◆◆ニチガクのおすすめ問題集◆◆

より充実した家庭学習を目指し、ニチガクではさまざまな問題集をとりそろえております!!

ジュニアウォッチャー（既刊60巻）

①～⑥⓪（以下続刊）
本体各￥1,500＋税

入試出題頻度の高い9分野を、さらに60の項目に細分化した問題集が出来ました。
苦手分野におけるつまずきを効率よく克服するための60冊となっており、小学校受験における基礎学習にぴったりの問題集です。ポイントが絞られているため、無駄なく学習を進められる、まさに小学校受験問題集の入門編です。

国立・私立NEWウォッチャーズ

言語／理科／図形／記憶
常識／数量／推理
各2巻・全14巻
本体各￥2,000＋税

シリーズ累計発行部数40万部以上を誇る大ベストセラー「ウォッチャーズシリーズ」の趣旨を引き継ぐ新シリーズができました！
こちらは国立・私立それぞれの出題傾向に合わせた分野別問題集です。全問「解答のポイント」「ミシン目」付き、切り離し可能なプリント学習タイプで家庭学習におすすめです！

まいにちウォッチャーズ（全16巻）

導入編／練習編
実践編／応用編　各4巻
本体各￥2,000＋税

シリーズ累計発行部数40万部以上を誇る大ベストセラー「ウォッチャーズシリーズ」の趣旨を引き継ぐ新シリーズができました！
こちらは、お子さまの学習進度に合わせ、全分野を網羅できる総合問題集です。全問「解答のポイント」「ミシン目」付き、切り離し可能なプリント学習タイプで家庭学習におすすめです！

実践 ゆびさきトレーニング①・②・③

①・②・③　全3巻
本体　各￥2,500＋税

制作問題に特化した問題集ができました。
有名校が実際に出題した問題を分析し、類題を各35問ずつ掲載しています。様々な道具の扱い方（はさみ・のり・セロハンテープの使い方）から、手先・指先の訓練（ちぎる・貼る・塗る・切る・結ぶ）、表現することの楽しさも学習することができる問題集です。

お話の記憶問題集

初級編
本体￥2,600＋税
中級編／上級編
本体各￥2,000＋税

「お話の記憶」分野の問題集ができました。
あらゆる学習に不可欠な、語彙力・集中力・記憶力・理解力・想像力を養うと言われているのが「お話の記憶」という分野です。難易度別に収録されていますので、まずは初級編、慣れてきたら中級編・上級編と学習を進められます。

分野別 苦手克服シリーズ（全6巻）

図形／数量／言語
常識／記憶／推理
本体各￥2,000＋税

お子さまの苦手を克服する問題集ができました。
アンケートに基づき、多くのお子さまが苦手とする数量・図形・言語・常識・記憶の6分野を、それぞれ問題集にまとめました。全問アドバイス付きですので、ご家庭において、そのつまずきを解消するためのプロセスも理解できます。

運動テスト・ノンペーパーテスト問題集

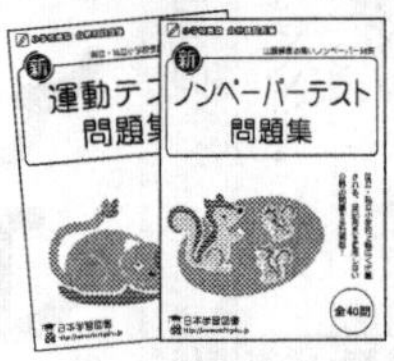

新 運動テスト問題集
本体￥2,200＋税

新 ノンペーパーテスト問題集
本体￥2,600＋税

ノンペーパーテストは国立・私立小学校で幅広く出題される、筆記用具を使用しない分野の問題を全40問掲載しています。
運動テスト問題集は運動分野に特化した問題集です。指示の理解や、ルールを守る訓練など、ポイントを押さえた学習に最適。全35問掲載。

口頭試問・面接テスト問題集

新 口頭試問・個別テスト問題集
本体￥2,500＋税

面接テスト問題集
本体￥2,000＋税

口頭試問は主に個別テストとして口頭で出題解答を行うテスト形式、面接は主に「考え」やふだんの「あり方」をたずねられるものです。
口頭で答える点は同じですが、内容は大きく異なります。想定する質問内容や答え方の幅を広げるために、どちらも手にとっていただきたい問題集です。

小学校受験 厳選難問集　①・②

①・②・③　全3巻
本体￥2,600＋税

実際に出題された入試問題の中から、難易度の高い問題をピックアップし、アレンジした問題集です。応用問題への挑戦は、基礎の理解度を測るだけでなく、お子さまの達成感・知的好奇心を触発します。
①は数量・図形・推理・言語、②は位置・常識・比較・記憶分野を掲載しています。各40問。

国立小学校　入試問題総集編

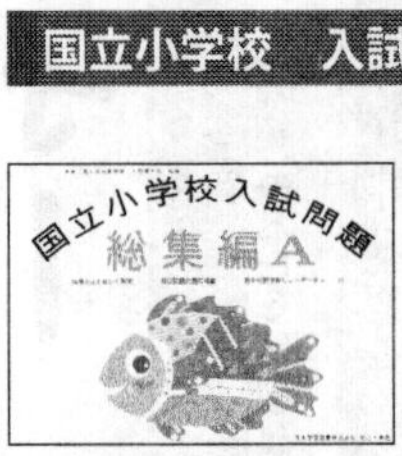

A・B・C（全3巻）
本体各￥3,282＋税

国立小学校頻出の問題を厳選して収録した問題集です。細かな指導方法やアドバイスが掲載してあり、効率的な学習が進められます。
難易度別の収録となっており、お子さまの学習進度に合わせて利用できます。付録のレーダーチャートにより得意・不得意を認識でき、国立小学校受験対策に最適な総合問題集です。

おうちでチャレンジ　①・②

①・②　全2巻
本体　各￥1,800＋税

関西最大級の模擬試験『小学校受験標準テスト』ペーパー問題を編集した、実力養成に最適な問題集です。延べ受験者数10,000人以上のデータを分析し、お子さまの習熟度・到達度を一目で判別できるようになっています。
保護者必読の特別アドバイス収録！学習習熟度を測るためにも、定期的に活用したい一冊です。

Q＆Aシリーズ

『小学校受験で知っておくべき125のこと』
『新小学校受験の入試面接Q＆A』
『新小学校受験 願書・アンケート文例集500』

本体各￥2,600＋税

「知りたい！」「聞きたい！」
「こんな時どうすれば…？」
そんな疑問や悩みにお答えする、当社で人気の保護者向け書籍です。受験を考え始めた保護者の方や、実際に入試の出願・面接などを控えている直前の保護者の方など、さまざまな場面で参考にしていただける書籍となっています。

書籍についてのご注文・お問い合わせ
☎ 03-5261-8951

http://www.nichigaku.jp
※ご注文方法、書籍についての詳細は、Webサイトをご覧ください。

日本学習図書　検索

『読み聞かせ』×『質問』＝『聞く力』

お話の記憶の練習に最適

1話5分の 読み聞かせお話集①②

「アラビアン・ナイト」「アンデルセン童話」「イソップ寓話」「グリム童話」、日本や各国の民話、昔話、偉人伝の中から、教育的な物語や、過去に小学校入試でも出題された有名なお話を中心に掲載。お話ごとに、内容に関連したお子さまへの質問も掲載しています。「読み聞かせ」を通して、お子さまの『聞く力』を伸ばすことを目指します。　①巻・②巻　各48話

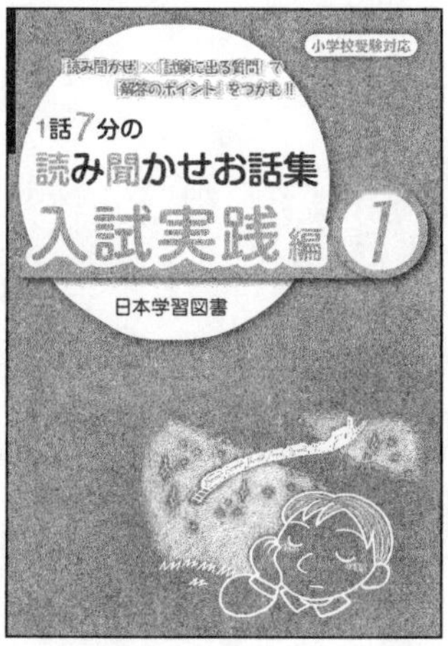

国立・私立小学校受験対応

1話7分の読み聞かせお話集 入試実践編①

最長1,700文字の長文のお話を掲載。有名でない＝「聞いたことのない」お話を聞くことで、『集中力』のアップを目指します。設問も、実際の試験を意識した設問としています。ペーパーテスト実施校の多くが「お話の記憶」の問題を出題します。毎日の「読み聞かせ」と「試験に出る質問」で、「解答のポイント」をつかんで臨みましょう！　50話収録

ニチガクの この5冊で受験準備も万全！

小学校受験入門 願書の書き方から面接まで リニューアル版

主要私立・国立小学校の願書・面接内容を中心に、学校選びや入試の分野傾向、服装コーディネート、持ち物リストなども網羅し、受験準備全体をサポートします。

小学校受験で 知っておくべき 125のこと

小学校受験の基本から怪しい「ウワサ」まで、保護者の方々からの 125 の質問にていねいに解答。目からウロコのお受験本。

新　小学校受験の 入試面接Q＆A リニューアル版

過去十数年に遡り、面接での質問内容を網羅。小学校別、父親・母親・志願者別、さらに学校のこと・志望動機・お子さまについてなど分野ごとに模範解答例やアドバイスを掲載。

新　願書・アンケート 文例集 500 リニューアル版

有名私立小、難関国立小の願書やアンケートに記入するための適切な文例を、質問の項目別に収録。合格を掴むためのヒントが満載！願書を書く前に、ぜひ一度お読みください。

小学校受験に関する 保護者の悩みQ＆A

保護者の方約 1,000 人に、学習・生活・躾に関する悩みや問題を取材。その中から厳選した 200 例以上の悩みに、「ふだんの生活」と「入試直前」のアドバイス 2本立てで悩みを解決。

日本学習図書株式会社

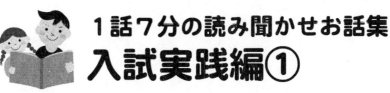

家庭学習をトータルサポート！ ニチガクのオリジナル 効果的 学習法

1 まずはアドバイスページを読む！

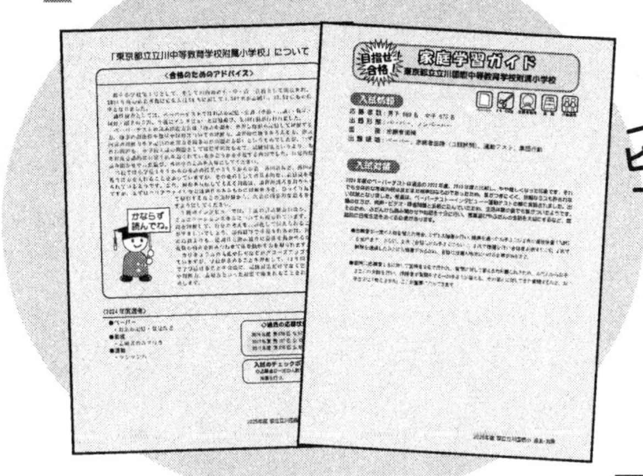

ピンク色です

対策や試験ポイントがぎっしりつまった「家庭学習ガイド」。分野アイコンで、試験の傾向をおさえよう！

2 問題をすべて読み、出題傾向を把握する

3 「学習のポイント」で学校側の観点や問題の解説を熟読

4 はじめて過去問題にチャレンジ！

5 プラスα 対策問題集や類題で力を付ける

過去問のこだわり

最新問題は問題ページ、イラストページ、解答・解説ページが独立しており、お子さまにすぐに取り掛かっていただける作りになっています。
ニチガクの学校別問題集ならではの、学習法を含めたアドバイスを利用して効率のよい家庭学習を進めてください。

各問題のジャンル

問題4 分野：系列

〈準　備〉　クーピーペン（赤）

〈問　題〉　左側に並んでいる３つの形を見てください。真ん中の抜けているところには右側のどの四角が入ると繋がるでしょうか。右側から探して○を付けてください。

〈時　間〉　30秒

〈解　答〉　①真ん中　②右　③左

アドバイス

複雑な系列の問題です。それぞれの問題がどのような約束で構成されているのか確認をしましょう。この約束が理解できていないと問題を解くことができません。また、約束を見つけるとき、一つの視点、考えに固執するのではなく、色々と着眼点を変えてとらえるようにすることで発見しやすくなります。この問題では、①と②は中の模様が右の方へまっすぐ1つずつ移動しています。③は4つの矢印が右の方へ回転して1つずつ移動しています。それぞれ移動のし方が違うことに気が付きましたでしょうか。系列にも様々な出題がありますので、このような系列の問題も学習しておくことをおすすめ致します。系列の問題は、約束を早く見つけることがポイントです。

【おすすめ問題集】
Ｊｒ・ウォッチャー６「系列」

アドバイス

各問題の解説や学校の観点、指導のポイントなどを教えます。
今日から保護者の方が家庭学習の先生に！

おすすめ対策問題集

分野ごとに対策問題集をご紹介。苦手分野の克服に最適です！
＊専用注文書付き。

2025年度版　城星学園小学校
帝塚山学院小学校　過去問題集

発行日　2024年6月19日
発行所　〒162-0821　東京都新宿区津久戸町 3-11-9F
日本学習図書株式会社
電　話　03-5261-8951 ㈹